# アメリカの対中軍事戦略

## エアシー・バトルの先にあるもの

プリンストン大学教授
アーロン・フリードバーグ 著
平山茂敏 監訳

Beyond Air-Sea Battle:
The Debate Over US Military Strategy in Asia

芙蓉書房出版

# 日本語版まえがき

アーロン・フリードバーグ

中国は過去二〇年間以上にわたって、真剣かつ持続的に軍事力を拡大してきた。急速な経済成長のおかげで、中国の支配者たちは一九九〇年代から二〇〇〇年代にかけて国内総生産における国防費の割合を上昇させることなく、毎年二桁のペースで国防費を増大させることができたのだ。ここ数年の経済成長の鈍化のおかげで国防費はたしかに伸び率が一時的に低下しているが、経済面での「奇跡」は、中国を軍事大国へ導く方向へと向かわせている。

中国の軍事力拡大の規模とその速度は驚くべきものだ。一九九〇年代半ばから中国は、軍事力のほぼすべての分野において軍備を近代化して拡大するためにかなりの国費を投入しており、これには長射程核ミサイル、近代的な戦闘機、水上艦、潜水艦、急激に拡大される準軍事的な沿岸警備艇の艦隊、そして正規の陸軍に加えて、国境を警備したり国内の暴動を抑えこむための約五〇〇万人規模の「準軍隊（訳注：人民武装警察）」が含まれる。

中国の軍備増強の中でも近年とりわけ注目を集めているのが、米国側の国防関係者が「アクセス阻止・エリア拒否」（Ａ２／ＡＤ）能力と呼ぶものである。中国の戦略家たちは一九九〇年から九一年にかけて行われた第一次湾岸戦争の直後から「アメリカが長射程通常精密攻撃兵力において危険なほど優位を広げつつある」とみなし、この事態に対抗するための手段を真剣に考えはじめたのだ。単純にいえば、彼らの結論は「自分たちも似たようなシステムをつくるべきである」というものであった。その結果、彼らは一九九〇年代半ばから北東アジアと西太平洋の全域において敵の位置を捕捉・追跡するための人工衛星、レーダー、その他のセンサーに加え、これらの目標を攻撃するための、命中精度を高めつつある通常弾頭型の弾道ミサイルや巡航ミサイルを開発・配備しはじめた。

アメリカのインテリジェンス・国防関係者たちは、9・11事件の後にはテロリズムや核兵器の拡散の阻止に集中していたことなどもあって、中国が行っていることの重要性に気づくのが遅れていた。ところがブッシュ政権の終わりに近づくとその重要性が段々と明らかになり、オバマ政権に移ってからはこの傾向がさらにはっきりとしてきた。人民解放軍が、アメリカの基地や部隊、それに指揮統制関連施設などを攻撃する能力を獲得するにつれ、アメリカが地域の友好国や同盟国のために紛争に介入するコストとリスクをさらに高めることを中国が狙っていることが明確になってきたのである。これによって中国政府は、アメリカの介入を阻止するための手段を獲得しようとしていると見られるようになったのだ。彼らはアメリカの安全保障の信頼性に疑いを生じさせることによって、それに依存している同盟関係を弱体化させることを狙っているように見える。

このままでは中国にとって軍事バランスが有利に傾いたとみられるようになり、東アジアにおける「支配的な勢力」としてのアメリカの立場が弱まり、同時に計算違いや抑止の失敗のリスクが高まってしまう。したがって、中国の「アクセス阻止・エリア拒否」に対する信頼度の高い対抗手段を考えることが、アメリカの国防担当者たちにとって最も緊急性の高い任務となってきたのである。

最適な対抗手段をめぐる問題は、緊迫し、時には熱を帯びるほどの議論を巻き起こしてきた。たとえば「直接アプローチ」とでも呼ぶべき手段を提唱する人々は、アメリカとその同盟国の精密攻撃とミサイル防衛システムの能力をさらに強化することを提案している。この考えに従えば、中国を抑止し、必要とあらば打倒するためには、そのセンサーを「盲目化」し、指揮統制システムを妨害し、主なプラットフォーム（艦船、航空機、潜水艦、そして移動式の地上発射型ミサイルランチャーなど）を破壊し、彼らが発射するあらゆる兵器を迎撃することが必要となるのだ。このアプローチは二〇一一年に米国防総省で最初に議論された「エアシー・バトル」という作戦概念に具体化されている。

ところがその批判者たちは、「中国本土に通常兵器による大規模な攻撃をしかけてしまうことは極めて危険であり、核兵器の使用までエスカレートする可能性もある」と警告している。これらのリスクを軽減するために、専門家の中には、中国を抑止して打倒するための「間接」戦略を提案した者もいる。このようなアプローチでは、アメリカとその同盟国たちが航空力と海軍力を使って中国の石油と天然ガスの海上輸送を遮断したり、ほぼすべての商船の中国の港湾への出入りを阻止するために、さらに広範囲にわたる海洋封鎖を行うことが提唱されている。

このような作戦を行う上での軍事・外交面での障害の可能性や、中国の侵攻を抑止する上での効果、そしてそれが中国政府の意思決定者たちに与えるインパクトなどは、現在アメリカの戦略家たちの間で盛んに議論されている。

もちろん本書はアメリカの読者を想定して書かれたものだが、ここで説明されている課題は日本をはじめとする他の国々にとっても重要な示唆を持つものだ。中国が高めつつある「アクセス阻止・エリア拒否」能力は、明らかに日本の自衛隊や在日米軍の基地や部隊を想定したものである。中国政府は自らの軍備増強を、アジアにおけるアメリカのポジションの弱体化だけでなく、日本に対して強制し、可能であれば従属させるための能力を高めるためのものとして追究しているのだ。地域における現状変更や、東アジアにおける支配的な勢力の確立を狙う中国側の動きに対抗するのは、一筋縄ではいかない問題だ。このためには、アメリカと日本は共通の脅威認識や、それに対抗するためのビジョンを共有すべきであろう。私は本書が日本語に翻訳されることによって、両国の戦略的な対話と連携がさらに進められることを願っている。

二〇一六年三月　プリンストン大学にて

アメリカの対中軍事戦略
――エアシー・バトルの先にあるもの

目次

第四章 中国を締め上げる：間接アプローチ …… 137

# 謝辞

ジャッキー・ニューマイヤー・ディール、ダニエル・ドゥモ、デイビッド・エプスタイン、ジェームズ・フィッツシモンズ、カート・グース、トーマス・マーンケン、デイル・リアレッジ、ナデージ・ローランド、ステファン・ローゼン、ガブリエル・ショーンフェルド、マーク・ストークス、ヤン・ヴァン＝トルには、有益なコメントと助言に感謝したい。スミス・リチャードソン財団からの支援は、私がこの本のための調査を行い、書き上げることを可能にしてくれた。米国戦略研究アカデミーが提供してくれた組織的な支援についても感謝申し上げる。加えて、国際戦略研究所のニック・レッドマンとアダム・ワードは、このプロジェクトに興味を示してくれたことに、モナ・モサービは原稿の編集を行ってくれたことに、それぞれ感謝する。

献辞

Nに捧げる

# イントロダクション

アジアにおける米国の戦略的なポジションは、世界の他の地域の場合と同じように、最終的に「どれほど遠くまで戦力投射《パワー・プロジェクション》が可能か」という点に左右されることになる。この特殊な能力のおかげで、米国は安全保障を同盟国にも拡大して保証できており、その代わりに同盟国が自国領内の基地や施設を提供する構造になっている。通信・運搬技術は進化の途上にあるが、このような能力のおかげで、米軍は本土から何千マイルも離れた場所で任務を遂行できるようになっている。したがって、米国が軍事力を投射できる能力と、グローバルな同盟体制という二つの要素は、互いを支えあって強め合う関係にあるのだ。

ソ連の崩壊もあって、米国の戦力投射《パワー・プロジェクション》能力は長期にわたってほぼ無敵状態にあったといえる。米国の政府高官たちは自国の航空部隊や海上部隊を、ユーラシア大陸東側の沿岸地帯を含むほぼ世界中に自由に展開することができたからだ。冷戦後の規模縮小にもかかわらず、米国の核弾頭の規模は莫大な数のまま残り、前方展開された通常部隊に対して、信頼に足る安全装置の役割を果たし続けた。したがって米国政府は、現地の友好国や同盟国に対する攻撃や強制を抑止したり打ち負かすことができる最適な状態にあったのであり、しかも重要な海上交通路《シーレーン》を守り、必要とあらば自らが出てきて、潜在的な敵対勢力に対して強制的な圧力をかけることもできたのだ。

一九九五年から九六年にかけて、台湾が初の自由選挙による総統選を行った際に、中国はその結果に影響を与えようとしてミサイル発射演習を行っている。この直後にクリントン政権が二個空母戦闘群を台湾沖に派遣したが、これによって米国の優越状態が世界的に誇示されることになった。いまから振り返って考えてみると、この台湾海峡危機は、その後の中国の軍事力の発展や、米中間の戦略関係にとって、大きな分岐点であったように思える。その当時の人民解放軍（People's Liberation Army: PLA）には、米国側に対抗できるような実行可能な選択肢がほとんどなかった。ところがこの危機の後、中国政府は軍事費を増大させ始め、とりわけ米国が西太平洋地域に戦力投射《パワー・プロジェクション》してくるのを抑止し、遅らせ、そして最終的には打倒することを狙うような能力に投資し始めたと考えられている。これらの行動は、作戦面での差し迫った問題を解決する必要に迫られて始まったものだが、その当初から、そこには戦略面でのバランスを大幅にシフトさせるためのタネが存在していた。もし中国が米国の通常戦力投射能力に対抗し、拡大核抑止を無効化することができるようになれば、いつかの時点で、東アジアにおける圧倒的なプレイヤーとしての地位を米国に取って代われるようになるかもしれないのだ。

ほぼ二〇年にわたる中国政府の投資は実を結びつつある。現在進行中の軍備増強、とりわけ長距離核戦力の拡大や、いわゆる「アクセス阻止・エリア拒否」（Anti-Access/Area Denial: A2/AD）能力の発展などは、東アジアにおける米国のポジション、そしてその他の国々の安全保射投《パワー・プロジェクション》能力の戦力は、障にとって、深刻かつ増大した脅威となっている。彼らはこの地域の米国政府の戦力投射能力や、おそらくその「意志」に対抗しようとしているため、これらの兵力の継続的な拡大は、米国の安全保障面での信頼性に疑問を投げかけることになり、それに依存している国々との同盟関係を弱体化させ、最終的には「アジア太平洋地域における圧倒的な勢力」という米国の地位を脅《おびや》かす可能性がある。もしこれに対して何もしなければ、米国とその同盟国の感じる軍事力の低下と中国の上昇は、計算違いや、抑止の失敗のリスクを高めることにもつながる。

このような問題が一九九〇年代後半から明らかになっていたにもかかわらず、米軍や国防総省、それに米国政府全体は、様々な理由から全体的な方針決定において後手に回っている。多くの軍事的な能力の分野では米国側にまだ大きな優位が存在していたことや、当初から中国の軍備拡大の深刻さや重要性についての見込みが甘かったことなどが重なったこともあり、中国の軍拡への対処は、しばらくの間はそれほど緊急性が感じられていなかったのだ。インパクトが強く予測不可能な事件のおかげで、米国は二度にわたってその注意とリソースが削がれ、本当に重要な問題に対処することができなかった。もし二〇〇一年の米国同時多発テロ事件（9・11事件）（とその後に続いた二つの大規模な戦争）や、二〇〇八年の金融危機がなければ、中国の動きへの米国の対処は、現状よりもはるかに進んでいたはずだ。また同じくらい重要なのは、米中関係の特殊で複雑な性質や、それが「より高いレベルでの安定や協力関係につながるかもしれない」という希望的観測の影響を受けて、米国政府の対抗的な反応をやわらげることにつながったことである。

このような事情にもかかわらず、ここ数年間の中国の開発・調達計画の勢いや、周辺国への強圧的な態度の増加、そして米国の国防費削減への圧力が続きそうな状況という複合的な結果として、米国の戦略家たちはこの問題に集中せざるを得なくなっている。たしかにこの十年間は対反乱作戦や対テロ作戦が注目されたが、その合間にも軍関係者の間では、中国の「アクセス阻止・エリア拒否」能力への確実な対処法を探すことが主な任務となり、この傾向はしばらく続きそうだ。この問題への対処は決して容易なことではないだろうし、厳しい財政状況においてはその難しさはさらに増すはずだが、それでもその必要性は高まりつつあるのだ。

現在行われているアジアの将来を見据えた米国の軍事戦略の未来に関する議論は、その重要度が極めて高いものであると言える。もし軍の意思決定者たちが財政面で切迫した時代の中でその計画やプログラムを合理的な形で構築し直し、さらに（それと同じくらいの重要な）国民から必要な財政支援を取り付けたいと考えるのであれば、よく考え抜かれた明確な戦略が必須のものとなる。地域のバランス・オブ・パワーの明白な変化を遅らせるための「真剣かつ継続的な努力」として必要になってくるのは、最近の「アジアへのピボット（軸足移動）」の議論の信憑性を増すことや、米国の地域同盟国に対して、この集団的な努力に参加して自ら貢献を行うよう説得することにある。その他にも、信頼に足る戦略と、それを裏付けるだけの軍事態勢は、たしかに完全な保証はできないまでも、侵略を抑止して現在の平和を維持することを狙うという意味では、おそらくその実現性が最も高いものであると言えよう。

# 第一章　新たな挑戦：中国の脅威

現在、東アジアにおける米国の地位を脅かすほどに拡大している中国の軍事力は、二〇年以上前に、米国の脅威を人民解放軍（ＰＬＡ）の計画立案者たちが意識し始めたことに端を発している。この因果関係の連鎖は、さらに過去へと遡ることができる。一九九〇年代初頭、中国の専門家たちを不安に陥れた西側のハイテク兵器や作戦概念は、一九七〇年代後期に開発されたものである。それは、北大西洋条約機構（ＮＡＴＯ）の計画立案者たちが、ワルシャワ条約機構によって中部ヨーロッパに集められた大規模な地上軍と空軍に対抗する方法を模索する過程で成立したものだ。それから三〇年たって、米国の軍事的優位に対する挑戦者はもういないと思われた後に、状況は一周して振り出しに戻ったのである。

## 挑戦の起源

現在の米国に対する挑戦のタネは、一九九〇年代に蒔《ま》かれたものである。この時期に起こった一連の事件と危機が中国の政治指導者に大きな衝撃を与え、中国の戦略立案者たちの注意を引き、結果的に中国の上層部で国家の軍事力のために国家の資源をどのように傾注してこれを建設するかというコンセンサスが形成された。

### 冷戦の終結

ソ連崩壊には、中国の安全保障から見て相矛盾した意味が含まれていた。すなわち、一つの脅威がなくなる一方で、他の脅威が大きくなったことである。

一九六〇年代中盤以降、共産主義の二人の巨人は、緊張感のある厳しい対立状態を続けていた。これにも拘らず、一九八〇年代中期に、中国の戦略家は米ソのブロック間における大枠での勢力均衡の再構築が、戦争の脅威を遠ざけることを意味すると結論づけていた。したがって、世界における優勢なトレンドは、「平和と発展」を指向していると考えられたのである。この評価は、まさに、鄧小平《とうしょうへい》の経済政策である「改革開放」を完全に正当化するものであり、同時に、軍事ドクトリンの見通しの準備の足がかりとなるものであった。人民解放軍は、核兵器に支援された大規模な地上部隊による生き残りをかけた大戦争（「現代的状況下における人民戦争」）に備えるのではなく、「限定的な局地戦争」に備えることに努力を傾けた。そのような紛争では、期間や目的、地理的範囲が限定され、恐らく通常兵器のみを使用して行われるはずだと想定されたのである*1。

ソ連の崩壊はこれらの見解を実証するものであったが、同時に、米国との間の新たな戦略的ライバル関係の懸念を生み出した。約二〇年間、米国政府と中国政府は、増大するソ連のパワーという共通の恐れによって結びついていたが、今やこの脅威は過去のものとなったため、戦略的連携を続けていく最大の合理的理由も無くなったのである。さらに悪いことには、中国の戦略家は、米国がソ連を葬《ほうむ》り去り、その注意を「社会主義への道」の最後の聖域である自分達の政権の弱体化に向けるかもしれないと確信していた。冷戦期間中、他の超大国の存在は、米国の行動の自由を制限したが、今や米国は、好きなだけ覇権的・干渉主義的になることができるようになったからである*2。

## 第一次湾岸戦争

一九九一年、米国がサダム・フセイン（Saddam Hussein）の軍隊を徹底的に打ち破ったことで、中国政府の最悪の懸念が現実になり、その不安がさらに強まった。新たな世界秩序において、米国政府は広範な国際的支持を動員可能となり、その行動に関して国連の支持を得ることもできるようになったのだ。米国が、中東の主要国（イラク）の主権を侵害し、その抵抗を排除できるのであれば、同じことが世界の他の地域でも生起する恐れがあった。

第一次湾岸戦争は、米国の新たな影響力と決意の大々的なデモンストレーションに加え、米国と他国との間に存在する、広がる一方の軍事力の格差を実証することになった。戦争前には、イラクの軍隊は恐るべき存在であると考えられており、人民解放軍と同様の兵器と戦術を使用していたという事実は、中国政府として無視できなかった。湾岸戦争後、中国の戦略家は戦訓から明らかになったいくつかのテーマについて、長期的な集中的分析と率直な自己批判を開始した。湾岸戦争は、新たなテクノロジーが将来の紛争で決定的な役割を演ずることを証明した。中国としては、今や「限定的局地戦争」だけでなく、「ハイテク状況下における局地戦争」に備える必要が出てきた*3。その先駆者的役割のおかげで、米国は事実上、あらゆる能力の領域で飛躍的優位に立ち、新たな「軍事における革命（RMA）」の可能性を手中にして、さらに発展する準備ができているようだった。中国はこれに追い付く必要があったが、それまでの間、人民解放軍の幕僚は「強者を打破する弱者」を可能にして、米国の優位を相殺し、対処する手段を考案しなければならなくなったのである*4。

### 台湾海峡危機　一九九五〜九六年

数ヶ月にわたって緊張が高まった後の一九九六年三月に、中国は台湾沿岸水域に模擬弾頭搭載弾道ミサイルを試射した。この前例のない示威行動は、台湾政府（中国政府からは独立に向かう危険な状態と見られていた）と米国政府（台湾を援助、扇動しているように見えた）の双方を目標としたものであった。クリントン政権は、この軍事力の誇示に中国と同様の手法で対応した。すなわち、台湾付近に二つの空母戦闘群を展開したのである*5。

これらの事件の後、米中間では緊張の緩和、少なくとも表面的な関係改善が行われたが、それでも不安や不信感が残った。これ以降、米国の情報分析官や防衛計画者たちは、将来の中華人民共和国との戦いの可能性を真剣に考え始めた*6。（既に対米戦を考えていた）中国の戦略家たちは、この点で如何なる後押しも必要としなかったが、この危機は、彼らの熟慮に特定の方向性と一層の情熱を加えた。ディビット・シャンボー（David Shambaugh）は、「中国軍首脳部は、台湾危機において他を圧する米軍に対峙するべきだったのかと長年にわたって思いを巡らせてきた。現在、彼らは、今ならば対峙できるだろうと考えている」と説明している*7。

米国の空母艦載機による介入の見込みは、全ての次元を同時に近代化することよりも、計画立案者たちに集中すべき具体的なテーマを与えることになった。それと同じくらい重要なことは、この時点で、軍の最高首脳部が、さらなる資源（人・物・金）割り当ての要求の根拠となる、具体的な脅威の対象（米軍の空母戦闘群）を持ったことである。

議論の余地はあるが、軍部の忠誠心が政権を救った一九八九年の天安門事件に続いて、一九九五〜九六年の台湾海峡危機は、国家の文民指導者に対する軍の交渉力を強化した*8。またこの危機は、兵器調達と研究に関する決定にも影響を及ぼしている。一九九六年、人民解放軍海軍は四隻のロシア製「ソブレメンヌイ」級駆逐艦を購入した。この駆逐艦には、ラドガ３Ｍ80モスキート（ＮＡＴＯコードＳＳ-Ｎ-22サンバーン）─超音速対艦巡航ミサイル─が装備されている。このミサイルはソビエト時代に、米空母とその護衛艦艇を目標として設計されたものだ*9。地対艦弾道ミサイルと推定されるミサイルの初期の研究は、台湾海峡危機の直後に開始されている*10。

## コソボ

第一次湾岸戦争が米国のテクノロジー面での優位の多大な影響を明らかにし、また、台湾危機が介入の傾向を予測させたとすれば、コソボを巡る一九九九年の戦争は、この二つの懸念をさらに強めるものであった。

この時、米国政府は国連の承認を求めず、代わりに国際的な正統性《レジティマシー》の衣をまとうために、NATOの同盟国の一部を動員した。第一次湾岸戦争において、米国人はイラクが他国の主権を侵害したと指摘することによって、少なくとも、その行動を正当化することができた。しかし、コソボにおいては、分離主義者の行動を公然と支持するだけであった。台湾は言うまでもなく、チベットや新疆ウイグルの「分離主義者」に対する懸念を考慮すると、中国にとってこれは新たな警報の始まりであった。

湾岸戦争からの八年間で、米軍はその能力をさらに進化させた。米国は人工衛星に加え、地上の移動目標を捕捉・追尾可能なレーダーを装備した、指揮統制用航空機の使用を拡大した。最新のB-2ステルス爆撃機は、米本土の基地からの往復任務が可能であり、敵の指揮統制・防空システムを破壊し、有人航空機のために攻撃経路を開いたのである。「頭の悪い《ダム》」無誘導爆弾とは異なり、セルビアの目標に使用された兵器の大部分は、「頭の良い《スマート》」精密誘導兵器であった*11。最も印象的であったのは、米国主導の多国籍軍は犠牲者を出すことなく、エアパワー主体の作戦によって戦略目標を達成したことである。

皮肉にも、連合軍の多くの空爆作戦の高い精度が、ベオグラードの中国大使館に対する誤爆が事故であったことを中国政府に納得させることを不可能にした*12。それらが米国の新たな攻撃法だと認識して驚愕した中国の専門家の一部は、平和と発展が本当に世界情勢の将来のトレンドであるのかを疑い始めた。世界が平和と発展を指向していないとすれば、戦争は実際に急迫しており、国防諸政策は他の国家目標より上の優先順位を獲得する必要があることになる。もちろん最終的には冷静な判断が優勢となったが、ディビッド・フィンケルスタイン（David Finkelstein）は、コソボ紛争が「以前は台湾シナリオで米軍が介入する意志を疑問視していた人々に、彼らは間違っていたということを納得させた」と指摘し、これが国防支出の大幅増加を正当化することに利用されたと分析している*13。一九九五〜九六年の危機は、空母を攻撃する方法の模索を促したが、セルビアでの戦争は人民解放軍の参謀に、いわゆる「三つの攻撃と三つの防御」―すなわち、敵のヘリコプター、ステルス機及び巡航ミサイルに対抗し、また、精密誘導航空攻撃や電子戦（ＥＷ）、衛星偵察からの防御―を含む、特定の軍事任務達成の重要性を納得させるものとなった*14。

## 作戦概念の発展

一九九五〜九六年と一九九九年の事件は、一九九一年に開始された議論―戦争の性質の変化や将来の中国の戦略について―にさらなる刺激と方向性を与えた。この議論は現在まで続けられており、一部の重要問題についてはまだ完全な合意が得られていない*15。しかし一九九〇年代末までには人民解放軍の理論家や計画立案者たちは、彼らが直面する挑戦の特徴、中国の対応を規定する基本的な原則について幅広いコンセンサスに達していた。

一九八〇年代初期以降の米国は、ソ連の軍事理論家が「偵察・攻撃複合体」と名付けた能力を開発する途上にあるように見えた。それを打破するために、人民解放軍も独自の「中国の特色」を兼ね備えた、自らの偵察・攻撃複合体を構築する必要があった。その名称が示唆するように、偵察・攻撃複合体は、敵の部隊や兵器、施設の位置を特定し、非力学的兵器《ノンキネティック》（電子戦やコンピュータ・ネットワーク攻撃等）と精密誘導通常弾頭の組み合わせによって、敵を無力化し、あるいは破壊するためにデザインされた「システム・オブ・システムズ」である。例えば米国は湾岸戦争やコソボ紛争において、衛星や指揮管制航空機、無人機（ＵＡＶｓ）を使用したが、これらは発電所や地下掩蔽壕《えんぺいごう》からカモフラージュされた砲兵陣地や走行車両まで、すべての目標を探知・識別・追尾するのに用いられた。敵のレーダーを回避するためにジャミングとステルスを使用した後、米軍は繰り返し巡航ミサイルを発射し、多数の目標に誘導爆弾を投下した。その目標とは、防空システムや指揮管制施設、重要な軍需産業施設であった。相手を圧倒的なレベルで麻痺させる効果的な第一撃は、米国に決定的な優位を与え、米国人の生命の損失を極限し、敵を打破する攻撃の道を開いたのだ。

戦争の新たな方法に関する注意深い研究に加えて、人民解放軍の専門家たちは、米中の軍隊が交戦する可能性のある戦略環境の特徴について、いくつかの評価を試みている。広く読まれている教科書によれば、「人民解放軍が将来の戦闘作戦において直面する最も顕著な現実とは、卓越した兵器を有する敵に対して、これよりも劣る兵器で対抗することになるという事実」である*16。とはいえ、中国にとって幸いなのは、テクノロジーだけが決定的要素ではないということだった。実際の紛争――特に、中国の軒先《のきさき》で戦われる戦争――において、敵は「政治や外交、地理、支援等の包括的優位」を保有していない*17。反対に米国は、その戦力を極めて遠隔の地に投射しなければならず、それには時間も必要となる。また、米国は域内の同盟国の基地や施設のアクセスに大幅に依存しているが、それが完全には保証されていないのだ。地域的な支持がある場合でさえ、米軍は、極めて広範な後方支援及び通信ネットワークの末端での作戦行動を要求される。最後に忘れてならないことは、より可能性の高い不測事態（例えば、台湾問題）について問題となっている争点が、中国政府と比較して米国政府にとっては重要性が低いことである。物理的な優位にもかかわらず、特に米国の姿勢は、多数の死傷者の可能性に直面した場合に弱腰となりかねない。これら全ての要因は、賢明かつ臨機応変な敵が利用できる脆弱性を構成することになるのだ。

米国の能力とドクトリンの評価を組み合わせたうえで、この技術的傾向や地理的不変性、政治的変数を分析すれば、人民解放軍が将来の衝突で勝利を収めるために必要となる、四つの作戦上の要件が浮かび上がっ

**表１　偵察・攻撃複合体：作戦上の要求**

| | 偵　察 | 攻　撃 |
|---|---|---|
| 攻勢的 | 捕捉（情報の入手） | 無力化／破壊 |
| 防勢的 | 拒否（敵の情報活動の阻止） | 防衛（攻撃の阻止） |

てくる（表1参照）。

## 情報優位のための戦い

一九九九年に米空軍のアナリストであるマーク・ストークス（Mark Stokes）は、中国のドクトリンに関する文献を読み込んで分析し、さらには調達・研究プログラムに関する公開情報を評価した上で、人民解放軍の新たなドクトリンの基盤が「情報優位の概念」であると結論づけている*[18]。また彼は、「中国の軍事担当者は、将来の人民解放軍が中国周辺における紛争において優勢を得るため、情報の管制・収集・処理・活用・配布に関して、比較優位を確立する努力を続けている」とも指摘している*[19]。このような優位を得るためには、中国は交戦の初期に敵との偵察戦に勝利する必要があるという。要するに人民解放軍にとっては、敵戦力の位置や配備に関する正確かつ最新の情報を得るだけでなく、敵に同様の種類のデータを与えないために最大限の努力をする必要があることになる。

## 攻撃と反撃

それと同様に重要なことは、情報優位が「目標ではなく手段」であることだ*[20]。人民解放軍が優位を得れば、自らが攻撃作戦を実行することが可能となり、その一方で、敵の攻撃に対する防御が容易になる。米軍の固定施設や移動目標の位置に関するデータは、中国軍の兵器を攻撃目標へと導くものだ。同時に、敵攻撃部隊の一部を破壊すると同時に、敵の偵察システムを脆弱化させることは、（迎撃、対抗すべき敵の攻撃が減少することになるので）中国の能動的・受動的防衛の効果を強化することになる。また、その移動目標の残存性（敵は部分的に盲目となり、捕捉が困難となるので）も向上することになる。

## 最初の一撃

敵の偵察・攻撃複合体を打破する必要が出てくると、それは必然的に先制攻撃を誘発することになる。これは、第一次湾岸戦争における最も重要な教訓の一つであった。一九九六年に発表された中国側の分析レポートによれば、サダム・フセインの軍隊は、「受動的な戦略ガイダンスによって支配されており、主導権を確保し、先制攻撃を実施する重要性を見逃していた」という*21。米国が破壊的な第一撃を開始する前に、米軍部隊の配備・集合を許すことによって、イラクは少なくとも、その後の米国の増強を妨害する「良い機会を逃した」のである*22。米国との差し迫った戦争の可能性に直面すれば、中国は同じ間違いを犯すことはできないというのだ。

米軍の全体的な技術的優位を考慮すれば、先制攻撃を許容した場合に惨憺《さんたん》たる結果が予測されることから、中国の戦略家は、彼らが「主導権を確保して積極的な情報攻撃」を行うことで「戦場における情報優位」を獲得する必要性を確信しているらしい*23。ストークスは、この問題に関する過去一〇年間の文献を要約して、人民解放軍の好む戦争開始の方法が、大規模かつ奇襲による「重要目標攻撃（key point strikes）」のためのミサイル発射であると結論づけている。この目標には、「指揮・通信・コンピューター・情報中枢、兵器管制センター、地上の高性能航空機、兵站基地、―重要な海上戦闘プラットフォーム―、空軍基地や兵站基地」が含まれるという*24。ある中国人研究者によれば、このような攻撃の主要な目的は、戦争の伝統的形態である領域支配や敵戦力の物理的壊滅ではなく、「むしろ、敵側の情報システムを麻痺させ、敵の抵抗意志を破壊すること」である*25。

## 積極的戦略外線反撃

中国のドクトリンに関する文献は、アクセス阻止という用語を使用されていないにも拘らず、「アクセス阻止・エリア拒否」という米国の概念と完全に一致する作戦と戦術が記載されている。アントン・ウィシック（Anton Wishik）は、「中国の公開された文献に散見される『アクセス阻止・エリア拒否』に最も近い概念は、人民解放軍の『積極的戦略外線反撃（作戦）（Active Strategic Counterattacks on Exterior Lines: ASCEL）』である」と指摘している*26。「積極的戦略外線反撃」の背景を考えると、軍事科学研究院の理論家である彭光謙《ほうこうけん》少将による二〇〇一年の記事に行き着く。これは、「軍事戦略の科学」に採用されると同時に、同じ年に軍事科学研究院からドクトリンとして出版されたものだ。これらの著作は、過去一〇年間に出現したアイデアが精査され、成文化されたことを意味している。

「積極的戦略外線反撃」のドクトリンでは、近接する敵に対して、中国軍が第一撃を行い、縦深攻撃及び強力な打撃を加えることが必要であると主張されている。中国が決して「最初に発砲しない」と主張する一方で、人民解放軍の理論家は次のように示唆している。

「政治・戦略レベルにおける『最初の一撃』は、戦術レベルの『最初の一撃』とは異なる。誰かが他国の主権や領域を犯せば、中国軍は直ちに戦術レベルの『最初に発砲する』権利を行使できるのである*27」

換言すれば、他国が主権を侵害―あらゆる形態（恐らく、「分離主義者」に対する政治的支援も含む）―したと判断すれば、中国政府には直ちに「防御的軍事作戦」を開始する権利が付与されるというのだ*28。

より優れた装備を有する軍隊と立ち向かわなければならない可能性の高い人民解放軍は、「先制攻撃によって敵を劣勢に追い込む」以外に選択の余地が無いことになる*29。「受動的待機」に代わって、中国軍は、「戦争勃発後、可能な限定的方法で敵を攻撃するよう努力」しなければならなくなる。したがって、中国が「可能な限り遠方に前方防衛を展開する」ことは不可欠である。中国にとって幸いなことに、現在保有している長射程攻撃能力のおかげで、「もし本国で座して待てば、全ては終わりだ。遠距離から攻撃すべし」という状況が可能になっている*30。

縦深攻撃の場合、中国は敵部隊だけでなく、それらを支援する指揮管制・兵站インフラを目標とするであろう。これらは、その破壊が決定的結果を招きかねない潜在的な弱点である。したがって、「可能な限り、戦争は敵の基地や戦闘プラットフォーム、そして力の源泉で実行」されるのが望ましいことになる*31。公刊文献では、攻撃が開始されるはずの中国の「外縁ラ

図1　中国の第1及び第2列島線

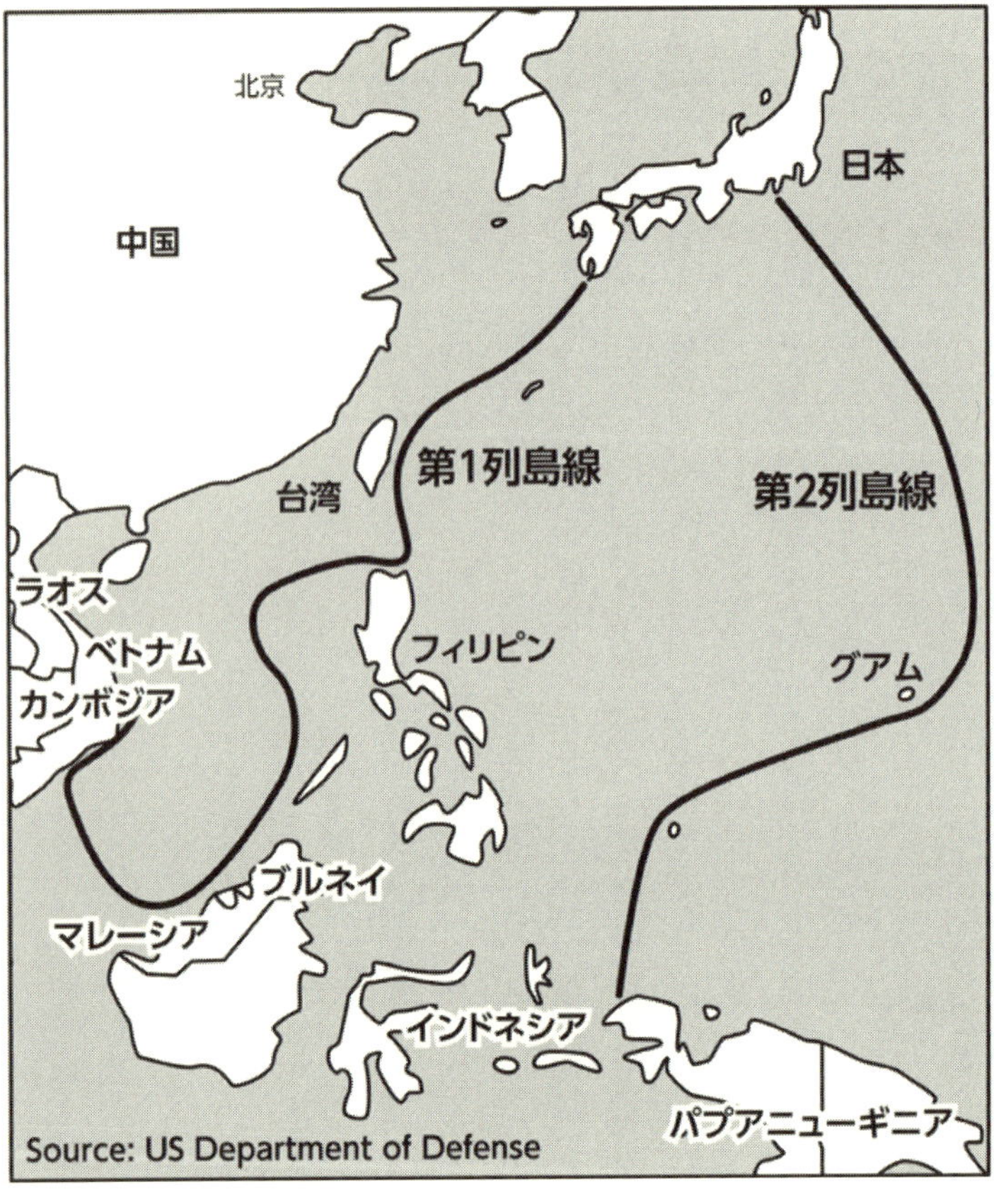

イン」の正確な位置は規定されていないが、これらは通常、日本から台湾を経て南シナ海に伸びている第一列島線、あるいはこれを越えた付近と想定されている（図1参照）。

## 中国の軍事能力

中国は、二〇年以上にわたり、その軍事力を拡大し続けてきた。国防費の支出は天安門事件の余波で一五％急増し、以来、毎年ほぼ二桁の成長率を続けている＊32。インフレの影響を考慮しても、その実質増加率は驚異的であり、二〇〇二〜一一年間の年平均は一一％以上に達していた。注目に値するのは、少なくともその範囲と期間が長大であったにも拘らず、中国の軍拡は基本的に中国にとって負担ではなかったということである。国家の経済が急速に成長していたので、国内総生産（ＧＤＰ）に対する軍部の取り分は増加ではなく、実は、特に近年においては僅《わず》かに減少していた可能性もある。中国は軍隊を近代化し、その能力を増強する場合でさえ、国防費の支出は二％未満が続いていたのである＊33。

人民解放軍は、多種多様な用途に向けて資源を割り当てており、その一部は「アクセス阻止・エリア拒否」を目的としたものとは直接関係のないものもある。しかしながら、ロジャー・クリフ（Roger Cliff）は次のように指摘している。

「中国が過去一〇年間に獲得した軍事力と、中国の文献に散見される戦力の使用概念を比較すれば、人民解放軍が、これら作戦概念の成就に必要な能力の獲得のために行ってきた組織的かつ秩序だった手法には感嘆せざるを得ない*34」

要するに中国の軍隊は、少なくとも紙の上では、これまで述べてきた四つの任務を実行する能力を有するシステムの獲得を目指して前進を続けている。この「四つの任務」とは、敵の目標を捕捉すること、目標を攻撃すること、そして敵の情報活動を拒否し、中国の重要目標を攻撃から守ることである。任務と関連する兵器システムとプログラムの一部は、表2に示した通りだ。

**表2　偵察・攻撃複合体：任務とシステム**

| | 偵　　察 | 攻　　撃 |
|---|---|---|
| 攻勢的 | ＊指揮・統制・通信・コンピューター・監視・偵察(C4ISR)<br>＊超水平線(OTH)レーダー<br>＊衛星<br>＊無人航空機（UAV） | ＊弾道ミサイル<br>＊巡航ミサイル<br>＊魚雷 |
| 防勢的 | ＊対衛星(ASAT)システム<br>＊偽装、隠蔽、欺瞞(CCD)<br>＊サイバー<br>＊電子戦（EW）<br>＊機動<br>＊作戦保全(OPSEC) | ＊対潜戦（ASW）<br>＊弾道ミサイル防衛<br>＊施設とシステムの補強<br>＊統合防空システム(IADS) |

## 攻勢的偵察

一九九〇年代末まで、人民解放軍は国境を越えた領域での事案に関する軍事情報の獲得と配布について、限定的な能力を有するのみであった。宇宙ロケット発射の失敗後の一〇年間は、外国企業の支援に大幅に依存することによって、中国の宇宙利用の偵察能力は、「開発が遅滞」していたのだ*35。しかし現在、その状況は劇的に変わっている。伝えられるところでは、二〇〇一〜一一年の間に「中国は三二個の偵察衛星を打ち上げ、軍事目標の選定と戦術的支援に使用」している*36。二〇一二年だけでも、一八基の宇宙ロケットを打ち上げ、その内六個が航法支援衛星であり、一一個が新型の遠隔探査衛星として民間と軍の要求にこたえている。二〇一五年までに、中国は合計一〇〇基の衛星を軌道に乗せると見られている*37。

最近の米国の「国防科学評議委員会」の報告書によれば、人民解放軍はその宇宙システムと共に、無人航空機の開発・配備に「驚くべき」ペースで着手している*38。現在、中国は少なくとも一八種類の無人航空機システムを配備中、または開発中である*39。中国海軍は、超水平線（OTH）レーダーにより遠距離の目標を捕捉する能力も向上させている。米国防省によれば、これらの大規模な地上システムは、画像解析衛星と共に、対艦弾道ミサイルを含めた長射程精密誘導攻撃を可能にするため、「中国沿岸部から遠く離れた目標捕捉を支援」している*40。

一九九〇年代後期、人民解放軍は国家規模の指揮・統制・通信・コンピューター・情報（C4I）システム構築の第一歩を踏み出したばかりであった*41。ここでも、過去一〇年間の進歩は衝撃的である。中国の軍事能力に関する二〇一三年の国防省の報告書は、「最新のテクノロジーによって、人民解放軍は（強固で冗長性のある通信ネットワークを通し）、情報、戦場情報、ロジスティクス情報、天気予報等、その他を同時に共有できるようになった。その結果、指揮官の状況認識が改善された」と評価している。これらの進歩は、「人民解放軍の柔軟性と反応速度を大いに強化した」と言われている。「戦場において、情報・監視・偵察（ＩＳＲ）データを指揮官とリアルタイムに共有すること」は、意思決定を容易にし、指揮に要する時間を短縮するものであり、データの収集や解釈、配布の強化は、「アクセス阻止・エリア拒否」の実行に必要な統合作戦にとって不可欠なものである*42。

中国の偵察能力が脆弱な分野の一つとは、対潜水艦戦（ＡＳＷ）の目標情報の獲得である。米国海軍情報部の二〇〇九年の調査では、この領域における中国の能力は高く評価されていない*43。中国海軍は、敵潜水艦を捕捉・追跡するための水中センサーや専用の固定翼機、ヘリコプター、水上艦艇などに投資し始めているが、今のところ、対潜水艦戦の欠陥を埋め合わせるまでには至っていない*44。

### 攻勢的攻撃

中国軍の指揮官は水中を除けば、地上及び海上において周辺のより広大な地域で進行中の事態を見ることが可能であり、さらに、見つけたものを攻撃することができる。二〇〇〇年、人民解放軍の第二砲兵（訳注：弾道ミサイル及び地上発射型長射程巡航ミサイルを運用する独立軍種。二〇一五年一二月に「ロケット軍」に改称された）は、「短射程通常弾道弾による台湾攻撃のための初期能力」を有しているだけであった。ところが二〇一〇年までに、その通常ミサイル戦力を「台湾に留まらず、近隣諸国への強制行為の主要な手段」の一つに組み入れた*45。台湾を目標にした推定一一〇〇基の短射程弾道弾に加え、第二砲兵は通常弾頭装備の中距離弾道ミサ

## 図2　通常弾頭による打撃能力

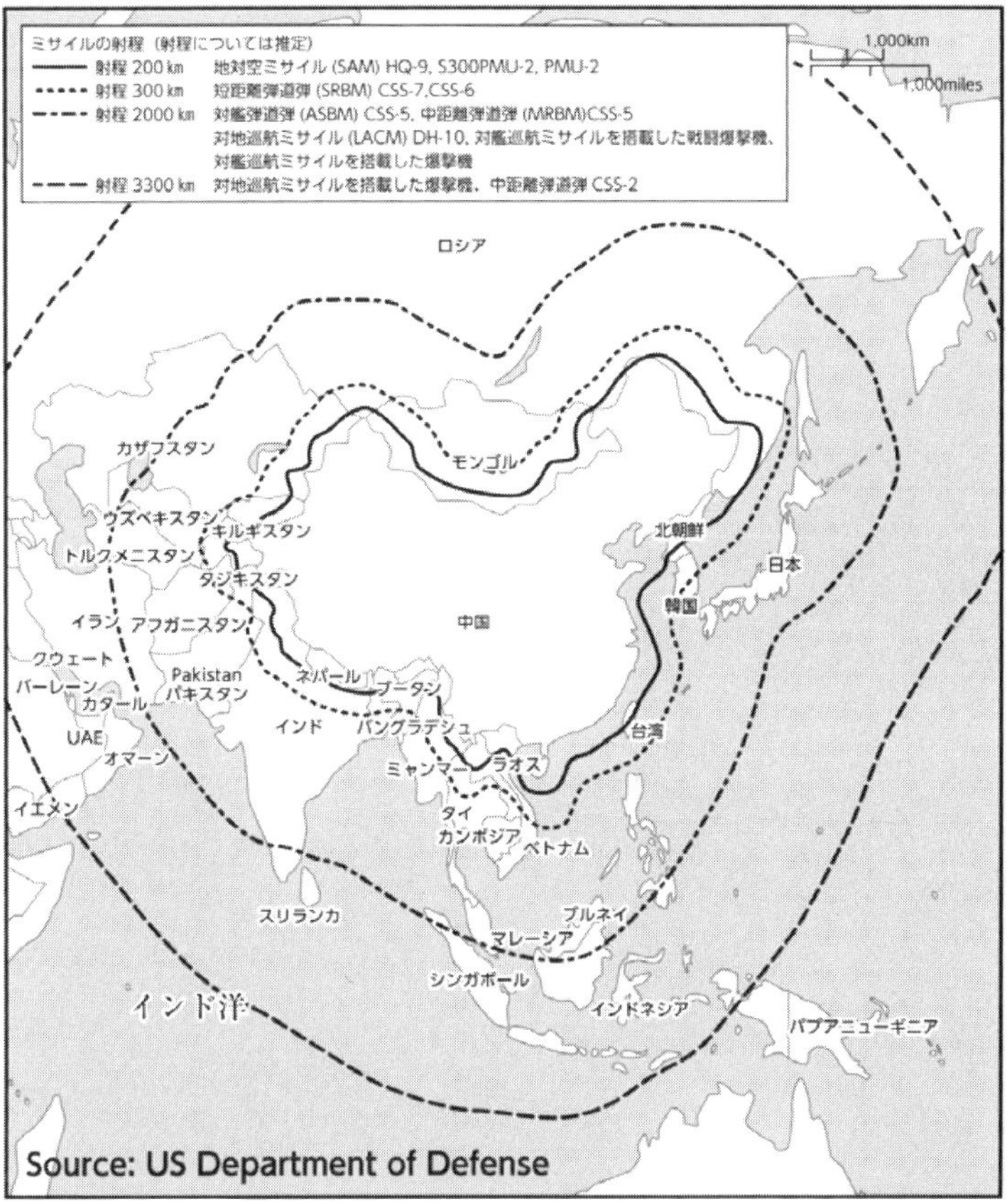

イルを限定配備していたが、その総数は増加中である＊46。憂慮すべきものとして、DF-21D対艦弾道ミサイルや、固定目標に対して使用されるDF-21Cの配備が挙げられる。両者とも、終末誘導の通常弾頭を搭載し、約一〇〇〇海里（約一八五〇キロメートル）の射程を有すると見積もられている。したがって、これらのミサイルは第一列島線内は元より、韓国やフィリピン、そして沖縄や日本国内の基地や、施設の目標を攻撃することができるという＊47。中国のエンジニアはDF-21に続いて、グアムまで到達できるミサイルの開発に取り組んでいる。グアム島は、太平洋における米国最西端の領土であり、中国の既存のミサイルの射程外に位置するので、近年、米国の空軍や海軍の主要な作戦中枢として機能が拡大されている＊48。

一九九〇年代初期、人民解放軍は第一次湾岸戦争における米国のトマホーク巡航ミサイルの性能に感嘆し、同様の能力を有する兵器を調達しようと努力した＊49。現在、中国軍は、地上や航空機、潜水艦、水上艦艇から発射できる対艦巡航ミサイルのシリーズと、地上目標を攻撃するための地上及び航空機発射巡航ミサイルを装備している。二〇〇九年、第二砲兵はDH-10対地攻撃巡航ミサイル—米国のトマホーク、ロシアのKh-55巡航ミサイルに類似した長射程兵器—を配備し始めた。DF-21弾道ミサイルと同等の射程を有するDH-10の相対的な命中精度の高さと大型通常弾頭は、このミサイルを地上攻撃兵器として有効なものとしている＊50。

この分野で、人民解放軍は様々なタイプの種類の対艦巡航ミサイルを保有しているか、あるいは調達中である＊51。それらの一部は旧式兵器であり、冷戦期にデザインされたソ連製ミサイルに基づいていている。その他は、フランスのエグゾセや米国のハープーン対艦ミサイルをモデルとした、航空機や水上艦、潜水艦から発射される射程一〇〇マイル未満のミサイルである。中国海軍は、ロシアから対艦巡航ミサイルのサンバーン（SS-N-22）とシズラー（SS-N-27B）を調達している。前者はソブレメンヌイ級駆逐艦に搭載され、後者はキロ級ディーゼル潜水艦の武器システムの一部として搭載されている。サンバーンが低空を超音速で飛行するミサイルであるのに対して、シズラーは目標から二〇キロメートルまでは亜音速で飛行し、終末誘導段階でロケット推進で超音速に加速する。双方のミサイルは高速であるため、水上艦艇に防空のための時間的余裕をほとんど与えない＊52。また、中国の潜水艦は様々な形式の魚雷を備え、複数のレポートによれば、シクヴァル――ロシア製のロケット推進モデル――は、通常の水中兵器の五倍の速度で航走するという＊53。

## 防勢的偵察

中国の通常弾頭型精密誘導攻撃能力の向上は、敵の偵察から自身を守る能力を向上させている。米国のグローバルな指揮統制等（C4ISR）ネットワークの前方基地に物理的損害を与え、破壊できるようになれば、米国の指揮官が必要とする攻撃目標の選定や被害評価、隷下部隊とのタイムリーな情報交換が困難になる。しかし、これはほんの始まりに過ぎない。さらに、人民解放軍は同様の目的を達成するため、「ハード」と「ソフト」の技術の融合にも取り組んでいる。

第一次湾岸戦争に対する中国の報告書は、本国領域から遠方で行われる「遠征」作戦の性質ゆえに、米軍が宇宙空間に大幅に依存していると述べている＊54。指揮・統制・情報の衛星への依存は大きな長所となるが、同時にそれは潜在的脆弱性―人民解放軍の専門家は、米国のアキレス腱、あるいは「柔らかい肋骨」と表現している―をも示している＊55。一九九〇年代を通じて、脆弱ポイントへの攻撃が理論の主流となり、その適否や方法が議論された。しかしながら、近年、中国には様々な発展段階にある複数の対衛星プログラムが存在することが明らかになっている＊56。二〇〇七年、人民解放軍は、地上発射型の「垂直上昇」対衛星兵器のプロトタイプの実験を行った。旧式の気象衛星とこの対衛星兵器の衝突は、危険な宇宙ゴミ《デブリ》を発生させ、国際的な議論を巻き起こした＊57。それ以来、中国政府は、宇宙空間での実際の目標破壊を避け、極めて慎重に振る舞ってきた。しかし、この任務を遂行可能なロケットを使って、少なくとも二〇一〇年と二〇一三年に計二回度以上の発射実験を行ったと見られている＊58。米国太平洋軍司令官の最近の議会証言では、中国が特殊な対衛星ミサイル・システムの研究を継続しているという米国の見解が確認されている＊59。人民解放軍は運動エネルギーで目標を破壊する、いわゆる「力学的《キネティック》・キル」兵器に加え、衛星のセンサーの「眼を曇らせる」ための、強力な地上発射レーザー兵器を実験・開発中と伝えられている。ある専門家によれば、中国のエンジニアも、軌道上の衛星と地上ステーションのリンクを遮断する「多様な形態の電子攻撃」の開発に「休む間もなく集中している」という＊60。

衛星通信に対する妨害は、米国の技術的優位を減殺するための大規模な電子攻撃の、ほんの一部に過ぎない＊61。中国の文献では、「ハード（物理的）な兵器」による指揮統制等（Ｃ４ＩＳ

R）の結節点に対する攻撃に加え、「電子的妨害、あるいは対レーダー（ミサイル）の使用、敵の情報収集システム、例えば、通信やレーダーを攻撃する兵器」が以前から強調されている＊62。人民解放軍のドクトリンは電磁スペクトルを地上や海・空と同等の重要性を持つ戦争の「第四次元」と表現し、中国軍は、「敵の電子機器を制圧、欺瞞する」ために設計された電子戦兵器を実験・配備しつつあると述べている。この対象には、レーダーや通信、航法システムが含まれている＊63。

「コンピュータ・ウィルス戦」に関する人民解放軍の関心は、米国がイラクの防空コンピューターのソフトウェアにコンピュータ・ウィルスを侵入させたと中国の専門家が結論付けた、少なくとも一九九〇年代初期にまで遡《さかのぼ》る＊64。二〇〇一年以降、中国のサイバー活動は大幅に増加し、より洗練されたものとなった＊65。人民解放軍の部隊は、外国のコンピュータ・ネットワークに侵入することを任務とし、二〇〇六年に作戦を開始したと思われる＊66。ここ数年、中国が関連している（と思われる）ネットワーク侵入は、米国の政府や企業の重大な懸念となっており、これは米国以外の諸国でも同様である＊67。米国政府は中国の軍事活動に関する二〇一三年の報告書において、最近の侵入急増の一部が「中国政府と軍部に直接的に起因していた」と公的に述べたが、これは前例のない事例である＊68。二〇一三年六月、オバマ大統領が中国の新たなリーダーである習近平との初の首脳会談でこの問題を取り上げるなど、サイバーの問題は重大な局面に拡大している＊69。

中国のハッカーが平時に厳重に保護された米国政府や軍部のコンピュータ・システムからデ

ータを盗むことができるのであれば、戦時には、これをシャットダウンすることも可能である。米国防省は、「これらの侵入に必要とされるスキルは、コンピュータ・ネットワーク攻撃に必要なスキルと類似している」と指摘する*70。可能性のある他の破壊的効果の中でも、この種の作戦は、米軍と情報組織の間のコミュニケーション能力と、中国に対する作戦指揮に不可欠な情報の収集を麻痺させることができるだろう。このように、中国のサイバー攻撃がうまくいけば、戦争開始の瞬間に、米軍を「耳が遠く口がきけない盲人」にすることができる。二〇一三年初めの国防科学評議委員会の報告書はこの脅威の深刻さを認識しつつ、「米国は、洗練され、人的物的資源に富んだ敵からの攻撃を受けたときに、我々の重要な情報技術（システム）が、機能すると確信することはできない」と率直に述べている*71。

一方で、中国の軍隊や政府組織もコンピュータ・ネットワークや最新の通信システムに大きく依存しているので、彼らもまた、侵入や情報の搾取に脆弱になっている。この事実を認識して、中国の計画立案者たちも外国の「目と耳」から重要な情報を防御する処置をとっている。一九九〇年代以降に展開されてきた国家規模の光ファイバー通信ネットワークは、マイクロ波や他の無線通信に比較して、設計上は電波情報収集に対してはるかに強い。作戦上のセキュリティを強化し、厳格な規制と情報保護を確立することは、中国の戦略文化においても馴染み深いものであり、全てのレベルにおける訓練と作戦の特徴となっている*72。人民解放軍の理論家と担当者は、隠蔽・カモフラージュ・偽装―「伝統的な中国の戦略構成概念に染み着いた」概念―を常に強調している*73。

「移動」は、敵の監視から重要な能力を保護する最終的手段である。経験的にも知られているように、米国のような洗練された国の軍隊でさえ、移動目標を絶えず捕捉し、追跡することは困難なのだ。中国政府が攻撃兵器の多くをこれまで以上に移動式発射機で展開するようになったことは、何ら不思議ではない。このことは、短距離・中距離通常弾道ミサイル、通常弾頭装備の対地巡航ミサイルにおいても言えることであり、一部の核弾頭装備の大陸間弾道弾についても増加傾向にある。最近、中国海軍が展開し始めた潜水艦発射弾道ミサイルは、機動性と水中隠蔽の双方の利点を持っている*74。

## 防勢的攻撃

中国が西太平洋全域の米軍基地と部隊を発見し、攻撃することで、敵の偵察能力を妨害することができたとしても、中国は自国領土内の目標に対する攻撃を、ある程度覚悟しなければならない。そのような攻撃に対する防御は、現在でも重要な任務であり、米国が何らかの形で先制攻撃に成功した場合は、さらに重要かつ困難な任務となる。人民解放軍の計画立案者たちは、米国の精密通常攻撃能力を恐れ、敬うとともに、過去二〇年間、その効果を減殺すべく努力を重ねてきた。

軍事力増強の他の側面と同様に、中国政府は中心となる目的を達成するために、複数の補完的アプローチを追求してきた。第一次湾岸戦争の後、中国の政策担当者は、時代遅れと広く考えられていた防空システムを含めた「戦略的重要ポイントを防御するための全体的な防衛力をグレードアップすることに高い優先順位」を置き始めた*75。一九九〇年代中期、中国空軍は、様々な最新式の長射程地対空ミサイルを配備し始めた。これらのミサイルの一部はロシアからの輸入品であり、その他は国産である。二〇〇〇年にイスラエルとの輸入協定が米国の圧力で決裂したあと、中国の設計者は、国産の早期警戒管制機の開発と配備に着手している*76。これらのシステムは、発展途上にある統合防空システムの重要な構成要素である。このシステムは「兵器システムやレーダー、指揮統制等（C4ISR）などプラットフォームが組み合わされて、「遠距離からの精密攻撃」を含む、様々な射程や高度の経空脅威に対抗可能」なものである*77。一部の大気吸入推進型プラットフォーム（訳者注：大気中では空気を酸化剤として使用する推進方式で、ここでは弾道ミサイル以外のジェット機等を指す）に対する防御の進歩にもかかわらず、中国空軍はステルス化された有人・無人機の捕捉、追跡問題に取り組み続けている。また、現時点では、有効な弾道ミサイル防衛網システムは、中国では確認されていない*78。

中国の担当者は、一部の兵器は有効ではないと気づいているが、受動的防衛手段にも相当な投資を行っている。これは、まったく新しい傾向ではない。中国政府は一九六〇年代と一九七〇年代に、重要目標を核攻撃から防御するために、莫大な資源を費やしている。それにはミサイルを隠すための洞窟、地下燃料庫や地下指揮所の建設等が含まれている。最も特筆すべきことは、極めて浪費的でかつ能率の悪いプログラムである防衛産業基盤の全国的な分散も行われたことだ*79。冷戦が終局に向かう頃、中国は地下施設のネットワークを近代化することを検討し始めた。このプロセスは、「コソボ紛争及び第一次湾岸戦争における、米国及び北大西洋条約機構の空爆作戦を観察することで加速」された。米国防省によれば、これらのキャンペーンは「生存性が高く、深く地中に埋設された施設を建設する必要があった」と中国政府に信じ込ませ、二一世紀の最初の一〇年の間に、「中国の広範囲にわたる地下施設建設運動」を招く結果に終わった＊80。

## 結　論

これらの防衛手段が、中国が敵の攻撃、つまり第一撃を受け止める準備さえしていることを示唆する一方で、先制攻撃に用いられるのであれば、これらが最も有効に機能する偵察・攻撃複合体を構築していることは明らかである。この結論は、実は驚くべきことではない。つまりこれは、人民解放軍のドクトリンの原則と、特定の軍事任務の遂行に固有の課題の双方を反映したものである。東アジア全域の固定目標に対して、中国が精密通常攻撃を実行できるだけの能力を持っているのは間違いない。中国の偵察ネットワークが無傷のままであれば、中国空軍や海軍、ミサイル部隊は、第一列島線内、最終的にはそれを越えて、米国と同盟国の水上艦艇に確実に脅威をもたらすことが可能となる。

他方、米国の攻撃に対する中国側の防御能力は、当分の間、課題として残るであろう。中国の統合防衛能力が以前と比べて大きく改善され、また、ある種の航空機に対する迎撃能力を明らかに有している一方で、弾道ミサイルやステルス航空機、巡航ミサイルを捕捉し、迎撃する能力は限定的だからだ。水中の防御に関しては、対潜水艦戦における中国海軍の能力不足から、米国の潜水艦や無人水中機が中国沿岸近辺で行動することを防ぐことは困難であろう。

また、中国の偵察ネットワークは、過去一〇年で著しく向上した。しかし、その一部は、最新技術を有する敵の攻撃には脆弱である。本質的に、超水平線（ＯＴＨ）レーダー・アンテナは、サイズが大きく、野外に置かれた脆い構築物である。それでも、中国が米国の空母を追跡し、目標とするためには、重要な機器である。衛星ダウンリンク・ステーションとロケット発射施設は比較的「ソフト」な目標であり、また、数も少ない。米国政府が対衛星やサイバー戦能力に対する中国の投資に関心を示す一方で、米国防省自身もこれらの分野で活発に活動している*81。米軍に先制攻撃を許せば、人民解放軍は完全に盲目とはいかないまでも、状況認識能力を大幅に減殺されるであろう。

防衛面では、継続的な投資と複数のプログラムのおかげで、人民解放軍の対衛星能力は初期段階とはいえ成長中である。いかなる見地から見ても、中国はコンピュータ・ネットワーク攻撃の先駆者である。最近の公式声明と信頼すべき報告書によれば、米国政府は、「サイバー真珠湾」の可能性に深刻な懸念を示している*82。核戦力の規模に関しては引き続き不透明性が存在し、最近の新たな兵器体系（例えばＪ-20ステルス戦闘機や元《Yuan》級攻撃型潜水艦）の突然の登場は、偵察全盛の現代においても、中国が隠蔽と偽装において伝統的な強みを保持していることを示唆している*83。そのような技術は、攻撃的手段によって能力が最初に低下させられた敵に対して効果的であることは言うまでもない。

＊1 David Shambaugh, *Modernizing China's Military: Progress, Problems, and Prospects* (Berkeley, CA: University of California Press, 2002), pp. 64-5.

＊2 Andrew J. Nathan and Robert S. Ross, *The Great Wall and the Empty Fortress: China's Search for Security* (New York: W.W.Norton & Company, 1997), p. 72.

＊3 この用語は、一九九三年に紹介された。以下を参照のこと。Roger Cliff et al., *Entering the Dragon's Lair: Chinese Anti-access Strategies and Their Implications for the United States* (Santa Monica, CA: RAND Corporation, 2007), p. 21, http://www.rand.org/content/dam/rand/pubs/monographs/2007/RAND_MG524.pdf.

＊4 例えば、以下の一九九四年の論文を参照のこと。Shen Kuigan, 'Dialectics of Defeating the Superior with the Inferior', excerpted in Michael Pillsbury (ed.), *Chinese Views of Future Warfare* (Honolulu, HI: University Press of the Pacific, 2002), pp. 213-9.

＊5 以下を参照のこと。Robert S. Ross, 'The 1995-96 Taiwan Strait Confrontation: Coercion, Credibility, and the Use of Force', *International Security*, vol. 25, no. 2, Autumn 2000, pp. 87-123.

＊6 Aaron L. Friedberg, *A Contest for Supremacy: China, America and the Struggle for Mastery in Asia* (New York: W. W. Norton & Company, 2011), pp. 97-8.（アーロン・L・フリードバーグ著、佐橋亮訳『支配への競争―米中対立の構図とアジアの将来』日本評論社、二〇一三年、一二三～一二四頁）

＊7 Shambaugh, *Modernizing China's Military*, pp. 3-4.

＊8 一九九五～九六年の危機に関する議論については、以下を参照のこと。Andrew Scobell, *China's Use of Military Force: Beyond the Great Wall and the Long March* (New York: Cambridge

University Press, 2003), pp. 171-91.

＊9 Bernard D. Cole, *The Great Wall at Sea: China's Navy in the Twenty-First Century* (Annapolis, MD: Naval Institute Press, 2010), p. 98.

＊10 Mark Stokes, 'China's Evolving Conventional Strategic Strike Capability: The anti-ship ballistic missile challenge to US maritime operations in the Western Pacific and beyond', Project 2049 Institute, 14 September 2009, p.20, http://project2049.net/documents/chinese_anti_ship_ballistic_missile_asbm.pdf.

＊11 Keith L. Shimko, *The Iraq Wars and America's Military Revolution* (New York: Cambridge University Press, 2010), p. 121.

＊12 コソボ紛争に関する中国の評価については、以下を参照のこと。June Teufel Dreyer, 'People's Liberation Army Lessons From Foreign Conflicts: The Air War in Kosovo', in Andrew Scobell, David Lai and Roy Kamphausen (eds), *Chinese Lessons From Other Peoples' Wars* (Carlisle, PA: Strategic Studies Institute, November 2011), pp. 33-74.

＊13 David M. Finkelstein, 'China Reconsiders Its National Security: "The Great Peace and Development Debate of 1999"', Project Asia, CNA Corporation, December 2000, p. 3, https://cna.org/sites/default/files/research/D0014464.A1.pdf.

＊14 Dreyer, 'People's Liberation Army Lessons From Foreign Conflicts', p. 41. 以下も参照のこと。Shambaugh, *Modernizing China's Military*, pp. 87-8.

＊15 シャンボウは、「シンポジウムでの発言」、専門誌や人民解放軍の『解放軍報』の多数の記事に加えて、一九九〇年代後期までには、軍事出版社がハイテク戦争に関連したトピックで約三〇〇冊を刊行

したと報告している。以下を参照のこと。Shambaugh, *Modernizing China's Military*, p. 71.

＊16 Wang Houqing and Zhang Xingye (eds), *Science of Campaigns* (Beijing: National Defense University Press, 2000), cited in James C. Mulvenon et al., *Chinese Responses to US Military Transformation and Implications for the Department of Defense* (Santa Monica, CA: RAND Corporation, 2006), p. 47.

＊17 一九九七年の以下のモノグラフを参照。'Modern Strategy for Using the Inferior to Defeat the Superior', cited in Cliff et al., *Entering the Dragon's Lair*, p. 27.

＊18 Mark A. Stokes, *China's Strategic Modernization: Implications for the United States* (Carlisle, PA: Strategic Studies Institute, 1999), p. 9.

＊19 *Ibid.*, p. 58.

＊20 Zhang Yuliang (ed.), *Science of Campaigns* (Beijing: National Defense University Press, 2006), p. 176.

＊21 一九九六年に発表された以下のタイトルの論文からの引用。'Preemptive Strikes Crucial in Limited High-Tech Wars', cited in Cliff et al., *Entering the Dragon's Lair*, p. 32.

＊22 *Ibid.*

＊23 Yuliang (ed.), *The Science of Campaigns*, p. 183.

＊24 Stokes, *China's Strategic Modernization*, p. 97.

＊25 一九九六年の以下の論文を参照のこと。'The Third Military Revolution', translated in Pillsbury (ed.), *Chinese Views of Future Warfare*, p. 393.

＊26 Anton Lee Wishik II, 'An Anti-Access Approximation: The PLA's Active Strategic

Counterattacks on Exterior Lines', *China Security*, no. 19, 2011, p. 38.

＊27 *Ibid.*, p. 41.

＊28 *Ibid.*

＊29 Peng Guangqian and Yao Youzhi (eds), *Science of Military Strategy* (Beijing: Military Science Publishing House, 2005), p. 384.

＊30 Wishik, 'An Anti-Access Approximation', p. 42.

＊31 *Ibid.*

＊32 Shambaugh, *Modernizing China's Military*, p. 189.

＊33 様々な措置については、以下を参照のこと。Adam P. Liff and Andrew S. Erickson, 'Demystifying China's Defense Spending: Less Mysterious in the Aggregate', *China Quarterly*, vol. 216, March 2013, pp. 1-26.

＊34 Roger Cliff, 'Anti-Access Measures in Chinese Defense Strategy', testimony for the US-China Economic and Security Review Commission, 27 January 2011, http://www.rand.org/pubs/testimonies/CT354.html.

＊35 Stokes, *China's Strategic Modernization*, p. 35.

＊36 Eric Hagt and Matthew Durnin, 'Space, China's Tactical Frontier', *Journal of Strategic Studies*, vol. 34, no. 5, October 2011, p. 736.

＊37 Office of the Secretary of Defense, *Annual Report to Congress: Military and Security Developments Involving the People's Republic of China 2013* (Washington DC: Office of the Secretary of Defense, 2013), pp. 9, 65.

＊38 Defense Science Board, *Task Force Report: The Role of Autonomy in DoD Systems* (Washington DC: DoD, 2012), p. 71.

＊39 現在、配備されている大部分の無人航空機は、短射程の戦術システムである。しかし、長射程のプラットホームが開発中である。これらのリストについては、以下を参照のこと。David Shlapak, 'Equipping the PLAAF: The Long March to Modernity', in Richard P. Hallion, Roger Cliff and Phillip C. Saunder (eds), *The Chinese Air Force: Evolving Concepts, Roles, and Capabilities* (Washington DC: National Defense University, 2012), p. 199.

＊40 Office of the Secretary of Defense, *Annual Report to Congress: Military and Security Developments Involving the People's Republic of China 2010* (Washington DC: Office of the Secretary of Defense, 2010), p. 2.

＊41 Stokes, *China's Strategic Modernization*, p. 43.

＊42 Office of the Secretary of Defense, *Military and Security Developments Involving the People's Republic of China 2013*, p. 34.

＊43 Office of Naval Intelligence, *The People's Liberation Army Navy: A Modern Navy with Chinese Characteristics* (Suitland, MD: Office of Naval Intelligence, 2009), p. 17.

＊44 以下を参照のこと。Lyle Goldstein, 'Beijing Confronts Long-Standing Weaknesses in Anti-Submarine Warfare', *China Brief* vol. 11, no. 14, 29 July 2011.

＊45 Office of the Secretary of Defense, *Annual Report to Congress: Military Power of the People's Republic of China, 2009*(Washington DC: Office of the Secretary of Defense, 2009), p. IX.

＊46 Office of the Secretary of Defense, *Military and Security Developments Involving the People's

*Republic of China 2013*, p. 5.

＊47 米国空軍は、中国が「三〇年足らず」でＤＦ-21Ｃと未知数のＤＦ-21Ｄを保有すると見積もっている。以下を参照のこと。National Air and Space Intelligence Center, 'Ballistic and Cruise Missile Threat', 2013, p. 17, http://www.afisr.af.mil/shared/media/document/AFD-130710-054.pdf.

＊48 Mark A. Stokes and Ian Easton, 'Evolving Aerospace Trends in the Asia-Pacific Region: Implications for Stability in the Taiwan Strait and Beyond', Project 2049 Institute, 27 May 2010, p.16,http://project2049.net/documents/aerospace_trends_asia_pacific_region_stokes_easton.pdf.

＊49 Stokes, *China's Strategic Modernization*, p. 80.

＊50 Carlo Kopp and Martin Andrew, 'PLA Cruise Missiles; PLA AirSurface Missiles', Air Power Australia, April 2012,http://www.ausairpower.net/APA-PLA-CruiseMissiles.html. 以下も参照のこと。Ian Easton, 'The Assassin Under the Radar: China's DH-10 Cruise Missile Program', Project 2049 Institute, 1 October 2009, http://project2049.net/documents/assassin_under_radar_china_cruise_missile.pdf.

＊51 Office of the Secretary of Defense, *Military and Security Developments Involving the People's Republic of China 2013*, p. 42.

＊52 二〇〇七年、国防省の元官僚は「警告後約六年を経過」しても、米国海軍には、シズラーから艦船を防御する完全な計画が無いと不満を表している。以下を参照のこと。Tony Capaccio, 'Navy Lacks Plan to Defend Against "Sizzler" Missile', *Bloomberg*, 23 March 2007, http://web.archive.org/web/20071119102801/http://www.bloomberg.com/apps/news?pid=20qw601070&sid=a5LkaU0wj714&refer=home.

＊53 Peter Truscott, *Kursk: Russia's Lost Pride* (London: Simon and Schuster, 2002), pp. 119-21. その驚異的な速度にも拘らず、シクヴァルの効果は、誘導装置の不備と比較的近距離でないと使用できないという事実によって制限されている。

＊54 軍事科学院の一九九四年の研究によれば、米国は通信全体の七〇％、海軍の通信の九〇％、情報収集の九〇％を宇宙空間に依存していた。以下を参照のこと。Stokes, *China's Military Modernization*, p. 117.

＊55 恐らく、後者のフレーズは、二〇〇〇年に中国人著者が発表した記事に基づいている。以下からの引用。Ashley J. Tellis, 'China's Military Space Strategy', *Survival*, vol. 49, no. 3, Autumn 2007, p. 49.

＊56 以下を参照のこと。Michael Pillsbury, 'An Assessment of China's AntiSatellite and Space Warfare Programs, Policies and Doctrines', report prepared for the US-China Economic and Security Review Commission, 19 January 2007, http://origin.www.uscc.gov/sites/default/files/Research/An%20Assessment%20of%20China%27s%20Anti-Satellite%20And%20Space%20Warfare%20Programs.pdf.

＊57 以下を参照のこと。Shirley Kan, *China's AntiSatellite Weapon Test* (Washington DC: Congressional Research Service, April 2007).

＊58 Brian Weeden, 'Time for Obama To Go Public on China's ASAT Program', *Defense News*, 2 June 2013, http://www.defensenews.com/article/20130602/DEFREG/306020009/Time-ObamaGo-Public-China-s-ASAT-Program.

＊59 Statement by Samuel Locklear before the Senate Armed Services Committee, 'The Posture of the US Pacific Command and US Strategic Command', 9 April 2013, http://www.pacom.mil/commander/statements-testimony/20130409hasc-uspacom-posture-openingstatement.shtml.

＊60 Tellis, 'China's Military Space Strategy', pp. 56-8.

＊61 Office of the Secretary of Defense, *Military and Security Developments Involving the People's Republic of China 2013*, p. 37.

＊62 一九九五年の以下の論文を参照のこと。 'Information Warfare', translated in Pillsbury, *Chinese Views of Future Warfare*, p. 329.

＊63 Office of the Secretary of Defense, *Military and Security Developments Involving the People's Republic of China 2013*, p. 37.

＊64 第一次湾岸戦争期間中のサイバー攻撃に関する中国の評価は、以下を参照のこと。Kevin Pollpeter, 'Controlling the Information Domain: Space, Cyber, and Electronic Warfare', in Ashley J. Tellis and Travis Tanner (eds), *Strategic Asia 2012-2013: China's Military Challenge* (Seattle, WA: National Bureau of Asian Research, 2012), p. 174.

＊65 *Ibid.*

＊66 第六一三九八部隊の活動は、米国のコンピュータ・セキュリティ会社の報告に明らかである。以下を参照のこと。 Mandiant Intelligence Center, 'APT1: Exposing One of China's Cyber Espionage Units' (Alexandria, VA; Mandiant, February 2013),h ttp://intelreport.mandiant.com/Mandiant_APT1_Report.pdf.

＊67 以下で行われている議論を参照のこと。 National Bureau of Asian Research, *The Report of the*

*Commission on the Theft of American Intellectual Property* (Seattle, WA: National Bureau of Asian Research, 2013).

＊68 Office of the Secretary of Defense, *Military and Security Developments Involving the People's Republic of China 2013*, p. 36.

＊69 Aamer Madhani, 'Obama presses Xi on cybersecurity at Sunnylands summit', *USA Today*, 9 June 2013, http://www.usatoday.com/story/news/politics/2013/06/07/obama-xisunnylands-summit/2402397/.

＊70 Office of the Secretary of Defense, *Military and Security Developments Involving the People's Republic of China 2013*, p. 36.

＊71 軍事科学評議委員会報告の公開版が名指ししたわけではないが、少なくとも敵の正体は明らかであった。Defense Science Board, *Task Force Report: Resilient Military Systems and the Advanced Cyber Threat* (Washington DC: Defense Science Board, January 2013), p. 1.

＊72 Mulvenon et al., *Chinese Responses to US Military Transformation and Implications for the Department of Defense*, pp. xv, 138.

＊73 Stokes, *China's Military Modernization*, p. 57.

＊74 伝えられるところでは、中国は少なくとも二五基のＤＦ-31移動式大陸間弾道ミサイルを配備した。以下を参照のこと。National Air and Space Intelligence Center, 'Ballistic and Cruise Missile Threat', p. 21.

中国のＪＬ-2潜水艦発射弾道ミサイルは、二〇一三年に作戦能力を獲得した。Office of the Secretary of Defense, *Military and Security Developments Involving the People's Republic of*

*China 2013*, p. 31.
最近、一部の専門家は、中国が広大な地下トンネル施設に相当数の核弾頭とミサイルを貯蔵し、隠蔽している可能性を指摘している。以下を参照のこと。Philip A. Karber, 'Strategic Implications of China's Underground Great Wall', Asian Arms Control Project, Georgetown University, 26 September 2011, http://www.fas.org/nuke/guide/china/Karber_UndergroundFacilities-Full_2011_reduced.pdf.
これらの主張については中国には多数の追加的兵器を製造するための十分な核分裂資源の生産能力がないという理由から議論されている。Jeffrey Lewis, 'Collected Thoughts on Phil Karber', Arms Control Wonk, 7 December 2011, http://lewis.armscontrolwonk.com/archive/4799/collected-thoughts-on-phil-karber.

＊75 Stokes, *China's Military Modernization*, p. 109.

＊76 Shlapak, 'Equipping the PLAAF', pp. 197-8, 201-2.

＊77 Office of the Secretary of Defense, *Military and Security Developments Involving the People's Republic of China 2013*, p. 67.

＊78 米国防省によれば「中国の現有の長射程地対空ミサイルは弾道ミサイルに対する能力としては限界がある」という。*Ibid.*, p. 35.

＊79 後者については以下を参照のこと。Barry Naughton, 'The Third Front: Defense Industrialization in the Chinese Interior', *China Quarterly*, no. 115, September 1988, pp. 352-86.

＊80 Office of the Secretary of Defense, *Military and Security Developments Involving the People's Republic of China 2013*, p. 31.

＊81 米国防省は、中国の対衛星プログラムに相当する計画を有していると思われるが、米国には軌道上の衛星を撃ち落とす一定の能力がある。二〇〇八年二月、米国はイージス巡洋艦から発射する弾道弾迎撃ミサイルを使用して、故障した衛星を破壊した。'US shoots down toxic satellite', *Daily Telegraph*, 21 February 2008, http://web.archive.org/web/20081222024953/http://www.news.com.au/dailytelegraph/story/0,22049,23251796-5001028,00.html. 報道機関の説明によれば、米国は攻撃的なサイバー活動―自国のコンピュータ・ネットワークの防御だけでなく―のオプションを開発している。Tom Gjelten, 'First Strike: US Cyber Warriors Seize the Offensive', *World Affairs*, January/February 2013, http://www.worldaffairsjournal.org/article/first-strike-us-cyber-warriorsseize-offensive. 元国家安全保障局職員のスノーデンの最近のリークでは、米国が二〇一一年のみで、そのような作戦を二〇〇回以上、行ったことが示唆されている。Barton Gellman and Ellen Nakashima, 'U.S. spy agencies mounted 231 offensive cyber-operations in 2011, documents show', *Washington Post*, 30 August 2013, http://articles.washingtonpost.com/2013-08-30/world/41620705_1_computerworm-former-u-sofficials-obamaadministration.

＊82 この用語は、パネッタ元国防長官によって使用された。以下を参照のこと。'Remarks by Secretary Panetta on Cybersecurity to the Business Executive for National Security', New York, 11 October 2012,http://www.defense.gov/transcripts/transcript.aspx?transcriptid=5136.

＊83 J-20が開発中であることが知られる一方、その最初のテストのタイミングは、西側情報部に驚愕をもたらした。以下を参照のこと。Elisabeth Bumiller and Michael Wines, 'Test of Stealth Fighter Clouds Gates Visit to China', *New York Times*, 11 January 2011. 一部の観測によれば、米国は一枚の写真がインターネットに掲示されるまで、新型のディーゼル潜水艦の存在を認識していなかったと

いう。'Chinese Produce New Type of Sub', *Washington Times*, 16 July 2004.

# 第二章　対応の出遅れ：米国の反応

前章で記述された軍隊とドクトリンは、アメリカの戦略家たちに対し、相互に関連した異なる四つの課題を提示している。第一に、拡大しつつある人民解放軍の「アクセス阻止・エリア拒否」能力により、米国がその地域の友好国と同盟国に代わって対立に介入することは、はるかに困難で危険なものとなり、もしかしたらその介入を抑止されてしまうかもしれないという点だ。つい一九九〇年代後期まで、米国大統領は台湾危機（あるいは日中間の海洋における紛争）への介入を考慮する際、少なくとも軍事的な結果については、そのリスクはおそらくは数隻の艦艇、数機の航空機の損失に留まり、また中国政府による自殺的な核エスカレーションはまずありえないと確信することができた。ところが今日そのような判断は、紛争の初期段階において、米空母の沈没、領域内の基地の大きな損害、あるいは破壊といった危険を招く可能性がある。中国政府は核兵器の先制不使用政策をとっているが、彼らが米国の全面報復を抑止するのに十分な規模と堅牢さを備えた第二撃能力を自らが有したと信じ込めば、限定的に核兵器を使用する可能性がある。これらの可能性は、平時ではまず起こりそうにないと思われるが、深刻な危機の際には、米国の最高指導者の心に大きな重荷を負わせずにはいられないだろう。たとえ米国政府が最終的に介入することを選択したとしても、曖昧な意思表示や対応の遅れは、中国軍が事態を既成事実化するのを可能とし、以後の米国の行動のコストとリスクを増加させることになる。

第二に、米国政府が最終的にその友好国を助けに来るのを思いとどまるか否かにかかわらず、米国の決意と信頼性に対する疑いは、米国が提供する安全保障の有効性を徐々にむしばんでいる。その結果、それらを基盤とする同盟が弱体化される可能性が出てくる。それをバックアップするためには、信頼に足る軍事戦略と能力が必要であり、これは敵を抑止するのと同様に、友好国を安心させるためにも必要不可欠である。中国で進行する軍事力の増強により、アジアにおいて米軍の前方配備部隊の生存可能性と、同部隊を使用する計画の実行可能性に関して疑問が提起されるようになってきたからだ。米国の同盟国が中国からの強制または攻撃に対抗して自らを守る際に、米国政府には自分たちを援助する能力、またはその意思をもはや有していないと判断してしまえば、同盟国は中国と宥和する以外にほとんど選択肢がないと感じてもおかしくはない。中国政府はこのように米国の介入を抑止しながら、同時に米国をその地域における安全保障パートナーから分離しようと画策しているのである。

第三に、中国がこの二〇年のほとんどの期間にわたって続行してきたプログラムは、現在、米国とその同盟国に過度のコストを課す状態になっている。狙われる標的《ターゲット》と比較すれば、人民解放軍の長射程、精密通常攻撃兵器は、相対的に安価である。米国の専門家は、冷戦の後半以降、『コスト強要《インポージング》』、『競争的《コンペティティブ》』戦略の価値を評価してきた。しかし、近年、この理論を実行に移すのに熟達してきたのは中国の方である*1。やがて中国政府は米国政府に対し、競争を続けるにはあまりにコストが高くつくと納得させることを望むかもしれない。そして米国政府は、この地域における地位を手ごろなコストで維持することができなくなったときに、アジア地域における新たな秩序を受け入れるほか選択肢がないと判断するかもしれないのだ。最近減速したとはいえ、中国の経済が急速に成長し続ける事実と相まって、米国の財政危機はこの中国の目標達成を、ほんの数年前よりも容易なものにさせてきたのである。

中国の軍事力増強によって提示される第四の最終的な課題は、最も緊急で、重大なものである。中国が獲得してきた能力は、単なる見世物ではない。それらは、様々な危機において、米国を含む広範囲な敵に対し武力を行使するという、実行可能なオプションを国家指導者に提供することを目的としたものだ。人民解放軍の計画立案者たちは、彼らの現在の準備状況について、明らかに不満を抱いている。彼らは自らの脆弱さを痛感しており、それを克服するには、まだ多くの仕事が残っていることを知っている。それでも中国の戦略家には、この二〇年を振り返ったとき、成し遂げてきたことを誇らしく思ってもよい理由がある。たとえ彼らが明日始まる紛争において彼らの目的を達成することができなかったとしても、現在の傾向が続けば、彼らの自信が増大しても不思議ではない。

## 課題への反論

米国がこれらの四つの課題に対応するのが遅すぎたのかどうか、そしてもしそうだとしたらそれはなぜなのか、——これらの疑問に戻る前に、われわれはその課題の急迫性や重要性が誇張されてきた可能性がないかを検討する必要がある。

### 中国の「アクセス阻止・エリア拒否」能力

中国の進化する「アクセス阻止・エリア拒否」能力全体を構成する個々の部分の期待性能については明白な疑問が残っており、また様々な構成要素が戦時の条件下においてはたして本当にうまく共働するかについては、さらに大きな不確実性が存在する。最近の論文でロバート・ロス（Robert Ross）が述べた、中国の第二砲兵はＤＦ‐21Ｄ対艦弾道ミサイルを運用するのに必要な「技術をまだ習得していない」との意見には、おそらく最も急進的な専門家でさえ同意するだろう。しかし、ロスが述べた「米国は中国の軍事能力について大幅に過大評価してきた」*2 という意見は、新たなステルス・ジェット機や指揮統制等（Ｃ４ＩＳＲ）システムの性能についての観察、あるいはその他の評価と合致しない。実際、公に得られる証拠からは、人民解放軍が中国沿岸から遠く離れて活動している米国やその同盟国の艦船、航空機を位置局限、追跡し、照準を合わせるために必要となるセンサー及び通信システムの識別能力と信頼性の点で、安定した改善を見せていることがわかる。人民解放軍は、固定目標だけでなく、移動目標に対応した武器の射程、精度、そして殺傷性をも改善してきたのだ*3。

現在の能力について議論することは、ともすれば将来の傾向における、より重要な問題を分かりにくくしてしまうことがある。重要なのは、人民解放軍が現在どこにいるかということだけでなく、それが五年または一〇年先に、どこまで進んでいそうなのかということである。たとえば中国が現在、西太平洋全域を連続的に電子・光学・レーダーで捜索する種々の人工衛星に不足しているのは本当かもしれない。それゆえ、たとえDF-21Dが宣伝通りに作動するとしても、また、たとえ人民解放軍が海上で船舶を位置局限する他の手段（超水平線《OTH》レーダー、無人機、GPS、船舶と陸上間の無線機または衛星電話を備えたトロール漁船隊等）を利用できるとしても、中国はミサイルを有効な武器として活用するために必要となる、詳細かつほぼリアルタイムの目標情報はおそらくまだ有していないだろう。とは言っても、中国がすでに打ち上げの意思を表明した人工衛星の数や特性、さらには現存する人工衛星を特殊な方法で使用する可能性から示されているのは、一部の専門家が推測するよりも早い時期に中国が運用可能な外洋監視能力を保有するかもしれないということだ*4。

中国の「アクセス阻止・エリア拒否」能力のシステムが全力を発揮できるようになるまでには、乗り越えるべき多くの障害があることには疑問の余地はない。その一方で、その障害のすべてを克服できるわけでもない。中国に必要なのは、技術の抜本的進歩や資金の大幅な増加ではなく、個々のシステムの性能面並びにそのシステムを、効果的な偵察・攻撃のシステムへと組み上げるプロセスにおける、継続的で揺るぎない漸進的な改善である。

「少なくとも戦争が勃発するまでの段階では、互いの戦力をどう認識するかということは、真実と同様に、あるいは真実以上に問題である」ということを肝に銘じておくこともまた重要である。たとえDF‐21Dが失敗作であることがわかったとしても、それがゲーム・チェンジャーになりうると信じられるようになれば、米国と同盟国、及び他のアジア諸国が行う評価や計画立案にも影響が及ぶだろう。実際に、そのような現象は既に見え始めている*5。中でも最も問題となるのは、中国の軍事指導者及び政治指導者が、自らの進化する能力をどのように評価するかということである。全ての条件が同じだとすると、ハーマン・カーン（**Herman Kahn**）がかつて『目覚ましい第一撃（**splendid first strike**）』と描写した成功のための好機を彼らが手にしたと信じた時、彼らがそれを使ってみようとする可能性は高くなる。逆に言えば、彼らが多大に投資した武器が実際に計画通りに作動するかどうかということに深い疑念を抱くならば、指導部はその試験をためらったり、紛争地域から後退させることを決断するかもしれない。ましてや外交的、国内的政治コストといった深刻なリスクを冒す可能性が出てきそうな場合は言うまでもない。

## 中国の意図

多くの懐疑論者は、中国の能力よりも、その意図に対して、より多くの関心を寄せている。彼らの主張によれば、たとえ中国の指導者がアジアの全域で、米軍やその同盟国軍に通常兵器による圧倒的な攻撃を加えることができると信じたとしても、その行為の危険度はあまりにも大きいため、中国のそうした冒険的行為の可能性は限りなく低いままだというのだ。しかし残念ながら、行動しないことによるリスクが、行動のもたらすリスクを上回って見える状況が数多くある。これらの中で最も明らかなものは、最もよく知られた次のケースである。すなわち、中国政府がある日、台湾の独立を阻止するためには行動に訴える他にない状況にあるが、米国が中国の作戦計画をくじくべく、まさに介入しそうだという怖れの高まった事態である。中国の指導者が、米国や台湾に対抗するための軍事的オプションを開発するためにほぼ二〇年にわたって巨大な資源を投資してきたのは、おそらく彼らがそのようなシナリオを心に描くことができたからである。

　もう一つの一般的な反論は、「アクセス阻止・エリア拒否」能力の広範囲な適用だけにではなく、中国と米国、あるいはその先進工業同盟国との間の、あらゆる形の直接対立にも事実上あてはまるものである。批評家は、実際の武力行使に至らない緊迫した対立ですら、世界経済に非常に破壊的な影響を及ぼし得ると指摘する。経済戦争のみから生じる損失の大きさを引き合いに出し、ある懐疑論者は、「中国がどれほどの残虐行為に手を染めたら、我々が世界市場に与える損害を正当化できるだろうか？＊6」と問いかけるのだ。さらに力学的《キネティック》武器による損傷を考慮に入れた場合、（戦争への）障壁はより高くなるはずだ。

　経済相互依存が戦争を考えられなくするという主張はよく知られているが、それに対する反論も同じくらい有名だ。最も注目に値する具体例は、以下のようなものだ。第一が、二〇世紀に入ってから下方スパイラルに陥ったドイツと英国の関係である。これは高水準の相互貿易と投資が必ずしも信頼できる平和の保証人となるわけではないことを示している*7。最近の例では、中国政府は、不可欠な貿易相手国たる日本との関係にダメージを与える危険を冒してまで民衆の情熱をかき立て、主要都市の街頭における激しい反日抗議行動を黙認し、海上における長期対立をエスカレートさせたことがある。国際化の時代にさえ、政治が時に経済に勝ることがあるのは明白である。

問題の核心は、真実よりもむしろ、国家指導者が何を信じているのかにある。中国の統治者は、米国との紛争が経済に及ぼす影響、中でもそれが長期化することについて心配する可能性の方が高い。さらに言えば、そのような恐れは、明快で迅速な勝利を約束してくれそうな戦略の魅力を増大させるものだ。よって中国政府の抱く、長引く争いがもたらす影響についての不安につけこむことは、抑止に役立つはずだ。しかしながら、第一次世界大戦の直前もそうであったように、「戦争のコストを考慮することがその勃発を不可能にする」と仮定することは危険である。

歴史は、指導者たちが自ら開始する紛争の期間とコストを過小評価しがちであることも示唆している。先進的な敵との戦争について現在の中国が抱く概念が、ボタンの一押しで実行可能なミサイル及びサイバー攻撃に大きく依存し、それらが有効に機能するならば、目標を数分で破壊できることになるという事実が、まさにこの種の誤算の一因となるかもしれない。

中国の戦略家たちは、潜在的な経済面での影響に加え、彼らが望む限定的、迅速かつ決定的なやり方で武力を行使すれば、予想外で好ましくない結果をもたらすと危惧しているのかもしれない。これらのうち最も明白なのは、核兵器の使用へのエスカレーションと、中国共産党体制の存続を脅かしかねない国内の混乱である。中国の専門家は、米国が国益と同盟国を防衛するのに通常兵器では不十分な場合に備えた核エスカレーションの選択肢を、米国が長く使わずに残してきたことを知っている。結局のところ、米国が最も親しい友好国の上に展開する「(核の)傘」は、「極限状態において友好国の代わりに核兵器を使う」という約束にほかならないのだ。

人民解放軍の計画立案者たちは、米国が核による反撃を控えるかどうか、特に圧倒的で効果的な通常兵器による第一撃への反撃として米国が核を使用するか否かを確信することができない。この疑問に対する彼らの判断は、その対立における米国の利害関係を彼らがどう評価し、同様な状況における中国の対応見積もりを米国の意思決定者がどう評価するはずだと彼らが考えるのかに左右される。加えて、それは米国が抱く「防火帯」(もし超えられたときにエスカレーションの可能性が上げられる概念上のバリア)という考え方にも左右される。合理的な戦略家たちならば、特にその衝突が、不明確なサイバー攻撃、偵察阻止や通信妨害のための人工衛星の損失、さらには主要な水上艦艇一隻程度の沈没を含んだ事態に限定される場合、おそらく「米国は中国本土に核攻撃を行うことにより、台北を救い、ロサンゼルスを危険に陥れるようなことはしない」と判断するだろう。一方、人民解放軍の計画立案者たちが、「米軍の前方展開艦艇、航空機及び領域内の基地に対して広範な通常兵器による第一撃を与えた場合に、米国が核兵器を使用した反撃を真剣には検討しない」と確信する可能性は、ゼロとまでは言わないが、かなり低いはずだ。

しかしながら、核エスカレーションに対する人民解放軍の現在の懸念は、より強力でより残存性の高い、第二撃能力の開発によって和らぐかもしれない。第一章で述べたように、中国は、現在のところ、陸上発射及び海上発射型の大陸間弾道ミサイルの備蓄量について、比較的緩やかな拡大過程にあるようである。多くの外国の観察者たちは、この増強は米国のイニシアティブへの反応であると考えている。すなわち、人民解放軍の計画立案者たちは、米国が長射程高精度の通常兵器による攻撃能力の発達と、ミサイル防衛ネットワークの拡大の組み合わせにより、将来において中国の核報復能力を拒否する日が来るのを未然に防ごうと努めていると言える。

一部の西側の専門家によると、中国の狙いは、「確証報復」、すなわち第一撃を吸収し、その上で敵の都市に対して数十発の核兵器による報復攻撃を実施することができるほどの、十分に大きく残存性の高い軍事力を構築することにあるという*8。

中国の核近代化計画の範囲と目的についてのこの評価は、たとえそれが正確であるとしても不安をなくすものではない。それは、中国の戦略家たちが核抑止力の重要性を認識する一方で、彼らの第二撃能力の計画的な強化により、抑止を維持するのは比較的容易となるだろうと考えている可能性を示唆しているからだ。そうした態度をとった場合に次に問題となるのは、たとえ国家指導者が大規模な攻撃を開始したとしても、それがあくまで通常兵器であれば、彼らが「紛争を通常兵器レベルに限定し続けることができる」と考えるのを助長しかねないことである。人民解放軍の計画立案者たちが核エスカレーションを抑止するのに自らが優位にあると評価してしまえば、彼らは「発展しつつある〝アクセス阻止・エリア拒否〟能力はかなり使える」と結論づけるかもしれない*9。

経済面での圧倒的な成果を出し、軍事力も大幅に向上させているにもかかわらず、中国はまだ気が遠くなるほど多くの国内の難問に取り組み続けている。国家指導者たちは彼らの時間とエネルギーの相当な部分をこれらの問題処理に充てており、警察、調査及び特別治安部隊に対する予算の規模から判断すると、彼らは国内の混乱をひどく恐れていることがわかる。では、国内不安についての懸念は、外国の敵に対して武力を行使しようとする中国政府の傾向に、さらなる制約を及ぼすものであろうか？

この質問に対する答えは、「中国の指導者たちが潜在的な紛争における危険度をどう評価するか、そして彼らの成功の可能性をどう評価するか」にある程度左右される。場合によっては、行動しないことで発生する国内でのコストへの懸念が、実際に政権を武力行使の方向に向けるかもしれないのだ。最も明白な例は台湾が独立の寸前と目される場合に見込まれる大衆の反発であるが、日本との対立で屈辱を受けることを恐れることもまた、不安な指導者を自制よりむしろ戦争の瀬戸際にへと追い込む可能性がある。さらに、中国共産党が実質的に国内のすべての混乱の背後に外国の陰謀があるとみなしている事実も、その権威の弱体化を企むと疑われる者を激しく非難する傾向をさらに強めるだろう。中国は増大する国内の困難に悩まされ、著しく「脆弱な超大国」になるかもしれないが、それは中国の戦略的リスクの回避には必ずしもつながらない*10。

　他方、中国の指導者たちが迅速な勝利を成し遂げる確信を持てないときには、社会不安の恐れは、国民からのゆるぎない支持を背景に大きな自信を持つ場合よりも、彼らを一層用心深くすることもある。たとえば軍事的冒険で失敗した独裁者たちは、次の選挙で落選するだけではなく、政権崩壊と早すぎる死の可能性が高まるとも言えるのだ*11。彼らの正統性《レジティマシー》が経済福祉分野における改善を継続して提供できるかどうかに依存していることは極めて明白であるため、中国の現在の指導者たちは、とりわけ経済的苦難や混乱を必然的に伴う紛争の長期化を恐れるのだ。しかし、ここで重要な警告をもう一度述べておくべきだ。それは、人民解放軍が保有する新たな能力には、長引く戦争における厄介な問題を避ける「非接触（non-contact）」方式のハイテク性能が備わる見込みがあることであり、まさにその理由から、それは中国政府にとって魅力的なものとなっているようなのだ。

　目下、米国の防衛計画立案者たちの心を奪っている悪夢のようなシナリオに対するもう一つの反論は、これらのシナリオが中国の現代以降の戦争のやり方と合致しないように見えることである。西側の大部分の専門家は、一九四九年以降、中国が主として防御及び示威目的で武力を行使してきたと考えている。中国政府が好む作戦形態とは、突発的かつ鮮やかだが、限定的な攻撃を浴びせかけることである。これらは、敵の注意を惹くとともに、中国の利益に反する行動を取ることのリスク評価を改めさせることにより、敵の行動方針の変更を促すものである。一九七九年のベトナムとの短期間ではあるが血なまぐさい戦争、一九六二年のインドとの武力衝突、南シナ海や台湾海峡での様々な軍事的示威行為は、一般的に中国政府の好む傾向の実例であると見られている*12。

中国で成熟する「アクセス阻止・エリア拒否」能力は本質的にそのような戦争のやり方と相容れないものであるが、実際にはその中に極めてうまくフィットするだろう。一隻またはそれ以上の敵の戦闘艦艇を沈めるために少数の弾道ミサイルまたは巡航ミサイルを使用すること、あるいは中国の軍事記者が提唱するように、米空母の進路に二、三発のミサイルを発射することは、中国政府の決意を迅速かつ強烈に伝えるものとなるだろう*13。「積極的戦略外線反撃（ＡＳＣＥＬ）」ドクトリンで要求されるような、西太平洋全域における米国及び同盟国の基地や部隊に対する全面攻撃は、それとは明らかに別タイプの問題である。そのような攻撃の意図は、良く知られたものであると言える。すなわち、敵を殴って出血させ、驚かせることにより、敵の戦い続ける意志に挑戦することである。しかし、その作戦の規模とエスカレーションの危険性は、中国政府が一九五〇年以降に起こした行動のうちで最も攻撃的なものと比較しても高くなり、それは朝鮮戦争への参戦に近いものとなるだろう。

東アジアにおける米国の軍事的地位を損なうよう計画された組織的攻撃は、人民解放軍が今までに行おうとしてきたものと全く違うはずだ。実際に、そのような作戦に最も類似したものとして、おそらく日本による真珠湾攻撃、及びそれに付随する、東南アジアへの攻撃が挙げられる。一部の西側の専門家は、「中国政府は、日本が太平洋戦争の最初の六か月間で達成したことを再現し、米国が持ちこたえて反撃に転じる前に、米国を西太平洋からうまく蹴り出すこと狙っている」と示唆してきた。このシナリオについてはヤン・ヴァン＝トル（Jan van Tol）が最もうまく説明している。

人民解放軍は、基地に配備された、あるいは前方で作戦行動中の米軍部隊に甚大な損害を与えるため、その他の米空軍、海軍部隊をはるか射程外に留め、あるいは中国本土に突入させないため、また米軍の指揮統制（C2）ネットワークを混乱させるため、そして、主要な補給の結節点と少数しかない米軍補給艦を破壊することによって米国の兵站を厳しく制約するため、大規模な先制攻撃を立案しているかもしれない。全体的な戦略では、米軍に相当な損失を課し、米国の作戦スケジュールを遅延させ、米国が同盟国を防衛できないようにすることが強調されているのかもしれない。一旦これが達成されれば、人民解放軍は戦略的防衛態勢に移り、米国が「既成事実となったことを元に戻すのはあまりに高くつくのでそれは実質的に不可能だ」と判断するまで、米軍増強部隊の戦域への近接を拒否することができるだろう。本質的には、これは一九四一～一九四二年の大日本帝国の戦略と似ている*14。

もちろん、現時点で中国の軍事指導者や文民指導者が、すべてを「運を天に任せる」と想像するのは非常に困難である。よって、大日本帝国との比較が適当であるのか否かは微妙だ。日本帝国陸軍及び海軍は、現在の人民解放軍よりもはるかに豊富な戦闘経験を持っていたにもかかわらず、一九四一年一二月七日に我々から見て彼らの過去の行動と大きく異なる種類の攻勢を開始したからだ。それでも日本の計画立案者たちは、開戦を決断する何年も前から太平洋における米国の航空及び海軍力のプレゼンスによってもたらされた戦略的課題をうまく解決するために、武器、戦術及び作戦のコンセプトを考えていた。中国の軍隊はその発展の初期段階にあるが、類似した調査に着手したように見える。

とりわけ以下の二つの類似点は、注目に値する。日本の最高指導部は真珠湾への攻撃を命じたとき、それが大きなギャンブルであることを知っていたが、彼らは米国の敵対的かつ挑発的な行動により、自分たちは選択の余地なく防御的にふるまっていると考えていた。米国による一連の重要物資の輸出禁止措置、そして最終的に一九四一年七月に至って実施された石油およびガソリンの輸出禁止措置は、日本の戦争準備に対して本当の脅威をもたらしたからだ。緊張が高まるにつれ、米国の直接的軍事介入の見込みも高まったように見えた。そうした環境下で日本政府は、米国が彼らに都合の良い条件で戦争を始めるのを待つよりも、むしろ自らに都合のよい条件で戦争を始める方を選んだのである。潜在的な武力紛争を阻止し、譲歩を強要するために経済制裁またはエネルギー禁輸措置を使うことができると信じる将来の米国の最高指導者は、自分の行動が中国政府側にどのように解釈されるかをよくよく検討すべきであろう。中国が通常兵器による第一撃を実施するとすれば、それは冷徹に計算された「青天の霹靂《へきれき》」よりも、むしろ自暴自棄の行為かもしれないからだ。

真珠湾の例は、敵が米軍の能力や技術的な優位性を高く評価しているにもかかわらず、米国の政治的な決意をたびたび過小評価してきたという事実を思い出させるヒントにもなっている。日本の計画立案者たちは「米国民には勇敢な精神がなく、広く太平洋を越えコストがかかり長引く戦争を持続させるのに必要な犠牲を受け入れる能力に欠ける」と確信していた。現在の流れがこのまま続くならば、中国の専門家は「米国の国力が実際に回復不能な相対的な下降期に入っており、もし対決の事態となれば、米国は反撃よりもむしろ退却を選ぶ」と考えるようになるかもしれない。

## アメリカの国益

中国がそのようなドクトリンを履行するために必要な軍備の獲得を企図していると仮定しよう。その場合、悪化するバランス・オブ・パワーを改善しようと米国自らが一層努力して対応することが、必ずしも米国の最良の国益に合致することになるわけではない。反対に、そうしようとすることは不必要で、さらには逆効果かもしれない。一部の専門家たちは、米国の強力な対応は「結果的に核戦争に至る可能性のある、中国との軍備競争の導火線」になるかもしれないと示唆している*15。この議論に関して問題点が三つある。第一は、つい最近まで中国の側こそが軍備競争においてより活発かつ積極的な競争者であったことが明らかであるにもかかわらず、「この軍備競争がすでに始まっている」という事実を無視している点である。また、軍備競争が必然的に戦争につながるという考えは、米国とソ連の冷戦の緊張関係の歴史が示唆するように、実は疑わしいものである*16。最後に、行動に伴う危険性は、沈黙を保つことがもたらす潜在的な危険性と比較して検討する必要がある。米国が中国の国力の成長にタイムリーかつ効果的に対応することに失敗した場合、たとえ中国の指導者たちが初めに意図していなくても、それが抑止を弱め、戦争にエスカレートする可能性のある攻撃的な振る舞いを増加させることになるかもしれないからだ。

米国の強力な対応に批判的な、その他の反論には以下のようなものがある。もし米国が中国の軍事力増強に対抗する際に主導的な役割を果たすと、豊富な財源を有する他国が自国の防衛にこれまで以上に資源を注ぎ込むのを止めるかもしれない。この理由から、一部の専門家は、米国政府はアジアへ「ピボット（軸足移動）」する代わりに後退し、最終的には同盟国の数十年来の習性たる依存及び「タダ乗り《フリー・ライド》」を断ち切るべきだと考えている*17。

ただしこの議論には、明らかな危険がある。もし米国が関与を減らせば、たしかに日本、インド、韓国、オーストラリア、フィリピン及びベトナムは、自分たちで備えることの必要性を感じるかもしれない。しかし各国は、それぞれの事情から様々な財政的、外交的、国内の政治的制約に直面しており、それが勢力均衡の効果を弱めたり遅らせたりするかもしれないのである。また、米国からの相当の支援がなくなれば、中国の近隣諸国は、中国の成長する力を相殺するために資源を蓄え、より緊密に協力し合う必要に迫られるだろう。しかし、米国の強いリーダーシップなしでは、この異質な国家の集団内で政策を調整するのは困難であり、また中国政府にとってこの集団の間にくさびを打ち込むのは容易になる。

より弱い国家は、台頭する大国と宥和するか、ジュニアパートナーとして仲間に加わることで国益を守り、生き残りを確かなものにしようとすることがある。一部の専門家たちは、アジアでは欧州とは異なり、歴史的にバランシング（勢力均衡）よりもバンドワゴニング（旗色の良い方向になびく）の方がより日常的であったとも示唆している。もし中国の力が成長し続けるならば、この地域は一八世紀や一九世紀の欧州のような競い合う国家間の絶え間のない闘争という未来ではなく、階層的で比較的平和な、近代以前の中華的な地域秩序という未来に向かうかもしれないのだ*18。したがって、米国人はこの歴史の流れに反対しようとするよりは、むしろそれに従うべきだと言われる可能性も出てくる。

米国が潔く譲歩し、アジアでの卓越したパワーという地位を譲るかどうかは、極めて重要な戦略的問題である。しかし米国がこの方向に進むもうと決断することは、予見しうる将来においてはまずありえない。なぜならそれは、二〇世紀初頭以来の米国の外交政策にとって、自明でありつづけた目標の放棄を意味するからである。共和党と民主党政権の下で変わることなく、米国は欧州やアジアが敵対国またはその連合によって支配されることを防ぐために働き、時には闘ってきた。このユーラシアに対する深い関与政策は、もしどちらかの地域が非友好国の軍隊の支配下に入れば、米国は市場と重要資源へのアクセスを拒否されてしまうという、広く共有された考えに根差したものだ。もしそうなってしまえば、ある地域の覇権国が、世界のどこかで米国の国益に挑戦するために、近隣諸国の富や軍事能力を利用することができるようになってしまうからだ。米国の戦略家たちは、もし欧州またはアジアが反民主主義の勢力の手に落ちた場合、より自由な世界を達成しようという彼らの構想にそれがどのような影響を及ぼすかについても長らく心配してきた*19。

中国がいつの日か自由民主主義体制になるならば、米国はおそらく中国を東アジアにおける優勢な国家として受け入れるだろう。ただしその時まで、米国の政策担当者はこの地域での望ましいバランス・オブ・パワーを維持するために、軍事的及び外交的努力を続けるだろう。この努力が成功するかどうかは決して運命的に定められているわけではないが、中国の増大する力に対抗するための信頼に足る軍事戦略がなければ、確実に失敗することは目に見えている。

## 米国の抱える問題

「アクセス阻止・エリア拒否」に対抗するための戦略についての議論は、米国防省が二〇一一年一一月にエアシー・バトル室（ＡＳＢＯ）の設置を発表したあとにようやく開始されたが、いまだその初期段階にある。公表されたエアシー・バトル室の任務は、国防省の広報官の言葉を借りると、「非常に挑戦的で複雑な〝アクセス阻止・エリア拒否〟環境下で、米軍部隊が締め出されることなくその場に留まり作戦できるようにするため」の作戦計画の立案や、そのための能力の獲得のかじ取りをすることである*20。

米国の当局者が「エアシー・バトル室の活動はいかなる特定の国をも狙ったものではない」とどんなに懸命に主張しても、それが何よりも中国に向けられていることは明らかである。第一次湾岸戦争後の二〇年間、中国の戦略家たちは米国との戦争を想定してその心血を注いできたが、米国は、今になってようやく同様な共同訓練を始めたところである。なぜ米国が対抗手段をとるのにこれほど長く時間がかかったのだろうか？

「二〇一一年以前の米国政府は中国の増大する国力を単に無視していた」という主張があるが、これはもちろん事実ではない。反対に、少なくとも一九九〇年代半ば以降、一部の情報機関関係者は、中国に懸命に焦点を当ててきた。米軍では様々な偶発事件、特に台湾をめぐる対立の可能性についての作戦計画が維持・更新されてきた。過去一〇年間、基地の設置、前方展開、武器の調達及び研究開発計画に関する意思決定について、少なくともその一部は、予期される中国との競争の激化や対立の可能性に基づいて形作られてきた。第四章でも議論するが、エアシー・バトル室の設置は、「アクセス阻止・エリア拒否」能力がもたらす挑戦に取り組むための新たな作戦概念の開発を要求した、国防長官覚書の二年後に実現した。その要求は、ジョージ・W・ブッシュ（George W. Bush）政権に遡るもので、そこで行われた討議に起因したものである。しかし、これらの様々な活動は、その幅と激しさの度合いにおいて、現在進行中の戦略的な議論とは異なるものだ。

中国の軍事力増強に対する米国の対応の遅れは、多くの要因が重なった結果である。その研究に多くの資源が注ぎ込まれたにも関わらず、中国は情報を得るのが困難なことで悪名が高い。人民解放軍の計画と研究開発活動に関して信頼できる情報を得ることが困難であることは、米国政府が人民解放軍の軍事計画の進行速度とその範囲を過小評価してきた理由の一つであることに疑いの余地はない。中国が当初ロシアからの武器輸入に過度に依存していたので、米国の専門家たちは中国でのイノベーションや、国内生産能力の成長について、正しく認識するのが遅れたともいえる。明白な失敗とは言わないまでも、情報の不足を率直に認めた顕著な例として、米太平洋軍司令官のロバート・ウィラード（Robert F. Willard）海軍大将が二〇〇九年一〇月に記者たちに対して「過去一〇年間ほど、中国の軍事能力の成長は、我々が実施した情報見積もりのほとんどを毎年上回ってきた……彼らはその能力において、かってないほどの伸率で成長してきた」と述べたことが挙げられる*21。ウィラード海軍大将は詳しくは述べていないが、彼のコメントは米国の情報コミュニティが、いくつかの武器システムの早期の出現、並びに、その他の武器の生産及び配備の速度に驚かされたことを示唆している。

一つには、中国の軍事戦略の一部の「点」が明確になるのが遅かったため、米国の戦略家たちがその点をつなぎ合わせ、それらの重要性を評価するのに遅れをとったことが挙げられる。この遅れは、この「点」の集まりが形作るパターンが見慣れないものであったことに、いくらかの影響を受けている。トーマス・マーンケン（Thomas Mahnken）が指摘しているように、情報組織は軍の大きなイノベーション、または「戦争の新しいやりかた」を認識するのが苦手なことが多い。この傾向は、「戦争の性質と遂行、民族中心主義、さらには不完全な情報についての先入観」から生み出されたものである。専門家たちは、どちらかと言えば「新しい軍事システムを捜すことより、既に確立された武器の開発をモニター」することが多いのだ。また、「彼らにとっては、戦闘において観察できなかった武器や作戦概念よりも、戦争で実演された技術やドクトリンを見つける方が容易」である。加えて、特に優勢にあることに慣れた軍隊では、「観察者たちは自国軍が調査したことがなく、興味を示さず、あるいは拒絶してきた分野よりも、自分たちが研究してきた分野におけるイノベーションにしばしば多くの注意を払って［*22］」きたのだ。

マーンケンが示唆するように、そうした傾向は人民解放軍に新たに出現した「アクセス阻止・エリア拒否」ドクトリンや能力、そして特に対艦弾道ミサイルといった、新たなタイプの武器開発の試みに対する、米国の初期の対応において明らかに見受けられるものだ。一九九〇年代に開始された中国のプログラムのうち、一部の重要な部分は注意深く隠ぺいされた一方、その他の、前章で説明した米国の戦力投射《パワー・プロジェクション》に対抗するための武器や作戦概念についての議論などは、そのほとんどが公開されていた。それでも、最初の兆候からその重要性を完全に理解するまでの間に、相当な遅れがあったのは明らかである。このギャップを、単なる情報不足に帰することはできない。

大部分の米国の専門家たちは、第一次湾岸戦争の一方的な結果を、米国の比類なき軍事的優勢、特に圧倒的な正確性を有するエアパワーの投入能力の証だ、という偏った解釈をした。勝利主義的風潮が支配的な中で、他国も独自の長距離、精密攻撃システムをほどなく獲得する可能性があるという世界を想像して次の段階に進む準備をしていたのは、比較的少数の専門家たちのみ（その多くは国防省総合評価局（Office of Net Assessment: ONA）及び同局長のアンドリュー・マーシャル（Andrew Marshall）と関係がある人々）である。彼らが懸念していたのは、そのような武器システムで武装した敵に対峙したとき、米国には攻撃を準備してそこから発進できる安全な前方展開基地という贅沢《ぜいたく》がないかもしれないということだ＊23。

他の国家が後に「アクセス阻止・エリア拒否」と呼ばれる戦略を遂行する可能性は、一九九七年の国家防衛委員会（National Defense Panel: NDP）の報告書において、わずかに言及されたにすぎない。この報告書は、国防省の「四年ごとの国防計画の見直し」（QDR）の一九九七年版と同時に発表された文書である＊24。しかしそれから四年後、「アクセス阻止・エリア拒否」の課題は詳細に論じられ、そのなかでは中国に対する意図がほとんど隠されていなかった。二〇〇一年の国防計画の見直しでは、近い将来「恐るべき資源基盤を有した軍事的競争者」がアジアに出現するかもしれない、と警告されていた。この名指しされていない国は、戦域への近接性という利点を生かし、自国の沿岸から適当な距離で目標を攻撃する能力を持つ、比較的安価な武器を大量に購入することができるというのだ。これらの能力は、彼らのカウンターパートである米国のものと比べて、全ての点において洗練されているわけではないが、それでも海上にある米軍艦艇に対する威嚇や、米国が東アジアにおいて軍事力を維持するために依存する、いくつかの重要な基地や施設の攻撃に使用することができるという。技術的に劣った敵でも、切り札を正しく使えば、米国の世界的な戦力投射能力《パワー・プロジェクション》の圧倒的利点を無力化できるかもしれないからだ＊25。

「アクセス阻止・エリア拒否」がもたらす挑戦に取り組むに当たり、二〇〇一年の国防計画の見直しでは、国防省総合評価局の考え方が明らかに反映されていた＊26。総合評価局の局長（マーシャル）は、ドナルド・ラムズフェルド（Donald Rumsfeld）が一九七〇年代後半に初めて国防長官に就任したときに仕えた経験があった。この文書（QDR）では、「アクセス阻止・エリア拒否」の考察について、国防省よりかなり先行していた。さらに、もし予期せぬ出来事が起こらなければ、それはおそらく米国の軍隊を変革するとともに太平洋に方向転換させるという、ラムズフェルドの青写真としての役割を果たす可能性の高いものであった。当然ながら、報告書の原案は9・11テロ攻撃の前に完成していたはずだが、多大な犠牲者を発生させるテロという新たな危険についてより多くの記述を加えた修正を急遽反映させるために、その発刊が遅れたのである。その時以来、「テロに対する世界戦争」には資源（人、金、モノ）が最優先で投入され、国防の計画立案者たちの注意は、アジアにおける空・海軍部隊を用いた仮想敵との高強度の紛争から、アフガニスタンとイラクの二カ所における、地上戦が主体の非常に現実的な、現在進行形の対反乱作戦に移行した。

米国での同時多発テロ事件がなければ、米国は疑いなく中国の成長するパワーにもう少し上手く対応しただろう。しかしこの中国への対応の遅れに関して、米国政府がテロという新たな脅威の問題に没頭したことと何ら直接的な関係のない、他の原因も存在する。軍隊の計画立案者たちは、「予算の増額を正当化するため、新たな脅威を見つけようと常に水平線を血眼になって探し回っている」というイメージを一般的に持たれている*27。ところが対照的に、中国が対象となると、米国内では著しく明白な中国の挑戦を認めたがらない風潮が広範囲に見られるのだ。これは、仮に人民解放軍の増大する能力に関する悲観論者たちの認識が正しかったのならば、軍部は「既存の計画やプログラムを大幅に修正するようなやり方で対応すべきだった

（のにしてこなかった）」ということに今さらながら気付いたことが原因かもしれない。対反乱作戦から高強度の通常兵器紛争へ重点を移行すれば、地上戦力は削減され、空海軍戦力に有利な結果となるのは明らかだろう。しかし、軍隊におけるそうした変化は、戦術航空兵力への追加投資を犠牲にして、長距離航空機により大きな重点を置くことを要求し、空母航空兵力を削減のリスクにさらす可能性があるなど、さらなる問題を生み出すことになる。

このように各軍種は、脅威を軽視したり、それをはるか遠い将来に先送りするといった独自の理由を持っていた。これらの傾向は、中国との紛争の可能性に正面から立ち向かおうとする意欲が全般的に不足していたため、さらに強められたのだ。なおその傾向は、一部では今日まで続いている。一九九〇年代以降、米国の官僚と国防当局者は、公的に中国を潜在的な敵と名指しすることに関して極端に注意を払ってきた。ある意味でこの注意は、中国政府に対し過度に好戦的、あるいは敵対的に見えるのを避けたいという、当然とも言うべき願望に起因している。米国の指導者たちは、そうした態度からは「中国との二国間関係の点においても、新たな冷戦におびえる地域の友好国や同盟国との付き合いという点においても、得られるものが何もない」ということに、早い時期から気づいていたのである。

しかし、当局の慎重ぶりは、単なる外交的儀礼以上に深い何かを常に反映していた。わずかな例外を除いて、米国の政治家や、驚くべきことに軍の最高指揮官たちの考え方までもが、「中国を敵のように扱えば、それは敵になるだろう」という通説の影響を受けてきた。当時の国防次官補だったジョセフ・ナイ（Joseph Nye）によって一九九〇年代に初めて明言されたこのスローガンは、元国防長官や米海兵隊の将軍たちを含む著名人たちによって、実に様々な形で何度も繰り返し述べられてきた*28。こうした言葉の比喩的な使用の蔓延は、従来のものに替わる軍事戦略に関する国民の議論を明らかに歪めるものであり、当局者たちは婉曲な表現を使いつつ、明確な対立については何も書かないよう求められてきた。そのような自己抑制は悪影響を及ぼすものである。民主的な政府では、脅威を明確に識別し、それを説明できなければ、それに取り組むために必要な支出に対する国民からの持続的な支持を得ることが期待できない。またこれは、単なる国民向けの姿勢の問題でもない。中国を潜在的な敵と位置づけた内部での検討や計画立案の訓練は、情報漏洩への懸念から阻害される可能性がある。中国を敵と認定してしまうことの恐怖は、中国がどのように扱われようとも敵となってしまった場合にどうすべきかを考えるプロセスを明らかに阻害しているのだ。

最後の、そして強力な制約要因は、財政的なものである。二〇〇一年、米国の戦略家たちが中国からの長期的な挑戦に焦点を絞り、真剣に取り組もうとしたまさにその時に、彼らの注意は増大するテロの問題によってその向きを変えられてしまった。米国の同時多発テロ後、資金は制限なく国防省と情報組織に流れたが、とりわけ対テロ作戦と対反乱作戦が最優先とされた。その後、アフガニスタンとイラクでの戦争が徐々に縮小し、中国の増大する能力が継続的に蓄積されていることが明らかになるにつれて、国防計画の立案者たちは、その関心領域をペルシャ湾、南西アジアから、西太平洋に移行させる準備をした。歴史の方向性を再び変える第二の「ブラックスワン」(とんでもない不均衡な結果を引き起こす思いがけない出来事)が発生したのは、まさにこの時だった。

二〇〇八年九月に発生した世界的なリーマン・ショックは、経済成長率の急激な低下をもたらした一方で、財政赤字、負債及び失業すべてが、平時の最高記録に近いレベルにまで上昇した。長引く財政危機の影響により、軍事支出には大きな削減圧力がかかり、その圧力は二〇一〇年代を通じて、おそらくはそれ以上のレベルで続きそうになった。国防予算は、米国がアフガニスタンやイラクから部隊を引き揚げるたびに削減しておくべきであったのだ。

しかし、財政赤字を縮小し、負債を危機発生前のレベルに削減する必要があることと、米国の二大政党がそれを実現するための最適な手段について合意に至る能力に欠けていると思われることから、米国防省はわずか数年前に予期されていた以上に深刻で広範囲にわたる、予算削減という道を進まざるを得なくなった。たとえ苛烈な削減が避けられるとしても、米軍はより少ない資源でやっていかなければならないだろう。これまでも中国の戦略的な挑戦に対応することは容易ではなかった。逼迫した財政的制約により、その困難さは、これまで以上に厳しいものとなるだろう。

## 比較のための判断基準

この問題に対処するための様々な手段を評価し比較する際の判断基準は、四つある。これらはこの章の冒頭で特定された、具体的な課題に対応した形で提示されるものだ。

## 抑止と危機安定性

提示された戦略がいかなるものであれ、まず最初に問われるべきことは、中国がその増大する能力を、米国やその同盟国に対する強制や攻撃に用いようとするのを、どのようにして、またいかに効果的に抑止するか、という点である。この質問の重要性は、米国の大戦略が持つ広範な目的からだけでなく、「戦争を避ける」という誰の目にも明らかな方針からも発生するものである。過去一世紀以上やってきたように、米国は東アジアが敵対国やその連合によって支配されるのを阻止しようと努めている。また長期的には、米国は「中国が平和裏に自由民主主義国に移行するのを促進するような環境を構築したい」と望んでいる。この地域におけるバランス・オブ・パワーを米国と地域同盟国に有利な状態で維持することは、こうした目的を達成するために必要不可欠なのである。そして有利なバランスを維持するためには、中国の指導者に対し、彼らが用いる評価手段が何であれ、「武力行使の威嚇や発動は利益にならない」ということを説得するのに十分な能力や計画を開発する必要がある。

最善の抑止力は、深刻な危機の最中でも機能し続けるものであり、平和から戦争への移行を阻止するものだ。全ての条件が同じだとするならば、米国の計画立案者たちは危機における安定性を強化する戦略を選択すべきである。言い換えると、そのような方針が実行可能になるまで、米国の計画立案者たちは、中国の国家指導者に対して「素早く達成できる勝利」という希望を抱かせないとともに、彼らが敗北の恐怖のあまり「先制攻撃せざるを得ない」と感じさせないような態勢、及びドクトリンを設計すべきである。

## 戦争遂行とエスカレーションのコントロール

もし抑止が破たんすれば、米国はおそらく複数の地域同盟国と協調し、その作戦目標と、さらに広範な戦略目標を達成するために、武力を行使するはずだ。そのためには、どんな代替戦略でも、その目的に加えて、軍事的手段と所望の政治目的を関連づける「勝利の理論」によって評価される必要があるだろう。提示された戦略の潜在的なコストとリスクにも注意する必要がある。また、米国と中国が衝突した場合の明らかな懸念の一つは、暴力のエスカレーション、その中でも特に、通常兵器から核兵器へのエスカレーションの可能性である。

主としてエスカレーションの危険性から、米国政府は無条件降伏や中国共産党体制の打倒といった、究極の目標を追求するとは思えない。その反対に、米国はその目標をまったく防衛的な表現のみで構成するだろう。すなわち、攻撃をかわし、元の状態を回復し、早い時期に戦闘行為を終わらせる、というものである。しかし、元の状態への迅速な復帰が不可能ならば、あるいは、それを達成しても戦闘を停止させるのに不十分ならば、米国とその同盟国はさらに攻撃的な他の選択肢を追求するだろう。すなわち、中国側の企図が何であれ、米国政府が望む条件に限りなく近い提案を中国政府が受け入れざるを得ないほどの苦痛と圧力を課す軍事作戦を実施する、というものである。

## 長期的競争

第三の判断基準には、「提示された戦略が平時の長期的な軍事面での競争にどのような影響を与える可能性があるか」という問題が含まれる。特に現在の好ましくない状況の流れを考慮すると、米国は自らと同盟国の利益になる方向に軍事競争を誘導する一方で、中国には不均衡な負荷を強いるものとなるように、軍隊の態勢とドクトリンを決める必要がある。米国及び同盟国の計画立案者たちは、中国側のカウンターパートから望ましい反応を引き出すために、可能な限り自らの振る舞いを調整する努力を続けるべきである。この側面における米国の戦略目標は、中国が米国やその同盟国に対して、より脅威を与えない武器や戦略を配備、採用するのを促したり、もしくは中国側により大きな経済的負荷を課すものとなるだろう。

理想的な戦略的策略は、敵の軍事予算の相当な部分を攻撃的なものから純粋な防衛的武器に転換するよう仕向けるために、コストの低い行動（あるいはさらにコストのかからない「言葉」）を用いるものであろう。もっといいのは、敵が現存のシステムを廃棄し、より大きな出費をもって新たなシステムを配備することを強いるような処置である。そのようなダイナミックな手段は、敵が自身の能力に対して抱く自信を断続的に減殺させることとなり、抑止を強化、維持するのにも役立つのである*29。

## 再保証（Reassurance）

（訳者注：Reassurance は抑止理論において敵対相手国への「安心供与」として使用されるのが一般的

であるが、ここでは同盟国へ安全保障を再確認する意味で述べられているので、「再保証」としている）
提案される戦略の最後の判断基準は、それが同盟国及び友好国の政府や国民に望ましい影響を及ぼすかどうか、という点にある。米国政府は、潜在的な敵を抑止するとともに、ほとんどの状況において米国の能力と意図に関して、友好国を再保証（reassure）しようと努めている。また再保証は、それ以外のいくつかの補助的な目的にも役立つものである。米国の公約に信頼できる証拠があれば、同盟国を説得して米国につなぎ止め、よって同盟国が中立に脱落したり、敵勢力に引き込まれるのを防止することができる。友好国を味方として維持しておくことは、アジアにおいて特に重要である。なぜなら米国の戦力投射能力《パワー・プロジェクション》は、地域の基地や施設へのアクセスに大きく依存しているからである。しかし過度の再保証は、米国が提供する安全保障への「タダ乗り《フリー・ライド》」問題を起こしたり、米国が担う負荷を増大させかねない。
たとえば米国政府は、米国が展開する安全保障の傘を通じて友好国政府の防衛政策を方向づけようとしている。こうした試みは一般的に、「やりすぎ」と「やらなさすぎ」とのバランスをうまく両立させる必要性がある。米国の計画立案者たちは、同盟国を十分に再保証することで、米国が不必要、あるいは危険とみなすこと（例えば核兵器の獲得）をあきらめさせるとともに、地域の好ましいパワーバランスの維持に寄与するべく前進するよう（例えば防衛予算の増加）促したいと考えている。
これらの四つの判断基準は、それぞれが重要である一方、その中に葛藤が存在することは避けがたいだろう。もし敵の成功を防勢的な作戦目標のみの達成により拒否しようと計画された戦争遂行戦略が、予測される武力侵攻に対して、最小限の罰しか課さないと受けとめられるとすれば、それは最善の抑止策とはならないかもしれないからだ。反対に、大量、あるいは明らかに危険な報復という脅しに依存する戦略は、ほとんどの場合は確かに有効な抑止力となるだろうが、もし抑止が破綻した場合には、実際の戦争を戦うための賢明な指針を提供しないかもしれない。同様に、ある行動で脅すことは、平時においてそれが競争者から望ましい反応を誘発できるならば意味をなすかもしれないが、危機や戦争において同様の脅しを実際に発動することは、また別の問題である。また、例えば公約の目に見える証拠としての部隊の前方展開といった、同盟国を再保証し、敵を抑止するよう計画された政策は、戦争の場合には深刻な弱点を作り出すかもしれない。現実の世界でこれら四つの判断基準すべてを万遍なく満たす手段は一つもないため、戦略を設計する際には、複数の目的の間でのトレードオフが必要となるだろう。

＊1 この概念の適切な導入並びに冷戦期あるいは冷戦後のその概念の適用については、以下を参照。Thomas G. Mahnken (ed.), *Competitive Strategies for the 21st Century: Theory, History, and Practice* (Stanford, CA: Stanford University Press, 2012).

＊2 Robert S. Ross, 'The Problem with the Pivot,, *Foreign Affairs*, vol. 91, no. 6, November-December 2012, p. 73.

＊3 最近の有効な調査としては、以下を参照のこと。Andrew S. Erickson, 'China's Modernization of

Its Naval and Air Power Capabilities', in Ashley J. Tellis and Travis Tanner (eds), *China's Military Challenge* (Seattle, WA: National Bureau of Asian Research, 2012), pp. 61-126; and Mark A. Stokes, 'The Second Artillery Force and the Future of Long-Range Precision Strike', in *Ibid.*, pp. 127-62.

＊4　以下を参照のこと。 Eric Hagt and Matthew Durnin, 'Space, China's Tactical Frontier', *Journal of Strategic Studies*, vol. 34, no. 5, October 2011, pp. 733-61. この両著者たちは、人民解放軍は現存する人工衛星を用いて、その軌道を変えたり、衛星の傾転あるいはセンサーの角度調整により覆域を拡大したり、民用の衛星を軍事任務支援のために徴用することにより、西側の専門家が予測する以上のことを実行可能であると示唆している。

＊5　Andrew S. Erickson and David D. Yang, 'On the Verge of a Game- Changer', *US Naval Institute Proceedings*, vol. 135, 5/1,275, May 2009, pp. 27-32.

＊6　Garrett R. Wood, 'Offshore Control: A Rebuttal. , *Infinity Journal*, 26 October 2012, https://www.infinityjournal.com/article.77/Offshore_Control_A_Rebuttal/.

＊7　このトピックに関する古典的な研究については以下を参照のこと。 Paul Kennedy, *Rise of the Anglo-German Antagonism 1860-1914* (London: George Allen and Unwin, 1980).

＊8　以下を参照のこと。 M. Taylor Fravel and Evan S. Medeiros, 'China's Search for Assured Retaliation', *International Security*, vol. 35, no. 2, Autumn 2010, pp. 48-87.

＊9　この問題については以下を参照のこと。 Thomas J. Christensen, 'The Meaning of the Nuclear Evolution: China's Strategic Modernization and US-China Security Relations', *Journal of Strategic Studies*, vol. 35, no. 4, August 2012, pp. 447-87.

＊10 以下を参照のこと。 Susan L. Shirk, *China: Fragile Superpower* (New York: Oxford University Press, 2007).〔スーザン・L・シャーク著、徳川家広訳『中国 危うい超大国』日本放送出版協会、二〇〇八年〕

＊11 この問題については以下に詳述されている。 H.E. Goemans, *War and Punishment: The Causes of War Termination and the First World War* (Princeton, NJ: Princeton University Press, 2000).

＊12 このトピックの概要については以下を参照のこと。 Allen S. Whiting, *The Chinese Calculus of Deterrence: India and Indochina* (Ann Arbor, MI: University of Michigan Press, 1975); Allen S. Whiting, *China Crosses the Yalu: Decision to Enter the Korean War* (New York: Macmillan, 1960); Allen S. Whiting, 'China's Use of Force, 1950-96, and Taiwan', *International Security*, vol. 26, no. 2, Autumn 2001, pp. 103-31; and Andrew Scobell, *China's Use of Military Force: Beyond the Great Wall and the Long March* (New York: Cambridge University Press, 2003).

＊13 「近接した空母による抑止力」への有効な攻撃例として、「中国の能力と決意を示すため」「空母戦闘グループの進路の前方に」ミサイルを発射することに関しては、以下を参照のこと。 Zhao Xijun (ed.), *Intimidation Warfare: A Comprehensive Discussion on Missile Deterrence* (Beijing: National Defense University Press, 2005), p. 192.

＊14 Jan van Tol et al., *AirSea Battle: A Point-of-Departure Operational Concept* (Washington DC: Center for Strategic and Budgetary Assessments, 2010), pp. 20-1.

＊15 Amitai Etzioni, 'Who Authorized Preparations for War with China?', *Yale Journal of International Affairs*, Summer 2013, pp. 37-51.

＊16 これは、米中間の軍備競争の強化は望ましいものであるとか、競争を抑制する努力は検討するに値

しない、といったことを意味するものではない。軍備管理の見通しについての検討は、本書の「まとめ」を参照のこと。

＊17 以下を参照のこと。Justin Logan, 'China, America, and the Pivot to Asia', *Policy Analysis*, no. 717, 8 January 2013.「オフショア・バランシング」戦略として言及される場合の一般的な意見については、以下を参照のこと。Christopher Layne, 'From Preponderance to Offshore Balancing: America's Future Grand Strategy', *International Security*, vol. 22, no. 1, Summer 1997, pp. 86-124.

＊18 Samuel P. Huntington, *The Clash of Civilizations and the Remaking of World Order* (New York: Simon and Schuster, 1996), p. 234.〔サミュエル・P・ハンチントン著、鈴木主税訳『文明の衝突』集英社、一九九八年、三五五～三五六頁〕この議論を詳細に進めたものについては、以下を参照のこと。David C. Kang, *China Rising: Peace, Power, and Order in East Asia* (New York: Columbia University Press, 2007).

＊19 このセクションは、以下を利用した。Aaron L. Friedberg, *A Contest for Supremacy: China, America and the Struggle for Mastery in Asia* (New York: W.W. Norton & Company, 2011), p. 7.〔アーロン・L・フリードバーグ著、佐橋亮訳『支配への競争―米中対立の構図とアジアの将来』日本評論社、二〇一三年、九頁〕

＊20 DoD, 'Background Briefing on Air-Sea Battle by Defense Officials from the Pentagon', 9 November 2011, http://www.defense.gov/transcripts/transcript.aspx?transcriptid=4923.

＊21 以下を参照のこと。Thomas G. Mahnken, 'China's Anti-Access Strategy in Historical and Theoretical Perspective', *Journal of Strategic Studies*, vol. 34, no. 3, June 2011, pp. 299-323.

＊22 *Ibid.*, p. 302.

＊23 このトピックの概要については、以下を参照のこと。Andrew Krepinevich, Barry Watts and Robert Work, *Meeting the Anti-Access and Area-Denial Challenge* (Washington DC: Center for Strategic and Budgetary Assessments, 2003); and Barry Watts, *The Maturing Revolution in Military Affairs* (Washington DC: Center for Strategic and Budgetary Assessments, 2011).

＊24 National Defense Panel, *Transforming Defense: National Security in the 21st Century*, December 1997, http://www.fas.org/man/docs/ndp/part01.htm.

＊25 US Department of Defense, *Quadrennial Defense Review Report*, 30 September 2001, p. 4, http://www.defense.gov/pubs/pdfs/qdr2001.pdf.

＊26 以下を参照のこと。Thomas E. Ricks, 'Rumsfeld Outlines Defense Overhaul', *Washington Post*, 23 March 2001; Michael R. Gordon, 'Pentagon Review Puts Emphasis on Long-Range Arms in Pacific', *New York Times*, 17 May 2001, http://www.nytimes.com/2001/05/17/world/pentagon-review-puts-emphasison-long-range-arms-in-pacific.html; and Nicholas Lemann, 'Dreaming About War', New Yorker, 16 July 2001, http://www.comw.org/qdr/0107lemann.html.

＊27 たとえば、以下を参照。Etzioni, 'Who Authorized Preparations for War With China?', pp. 37-51.

＊28 Joseph Nye, Jr, 'The Case Against Containment: Treat China Like an Enemy and That's What It Will Be', *Global Beat*, 22 June 1998. 元国防長官のロバート・ゲイツについては、「我々が中国を敵のように扱うと、本当に敵となるだろう。」「ロバート・ゲイツのオレゴン州立大学におけるスピーチ」*Daily Collegian*, 24 October 2012. その他、このテーマについて、「元統合参謀本部副議長

のジェームズ・カートライト海兵隊大将はエアシー・バトルのドクトリンについて検討することは、『中国を悪霊化することだ。だれの利益にもならない。』と警告した」という。Sydney J. Freedberg, Jr, 'Cartwright Targets F-35, AirSea Battle; Warns of $250B More Cuts', *Breaking Defense*, 15 May 2012,
http://breakingdefense.com/2012/05/15/cartwright-savages-f-35-airseabattle-warns-of-250-billion-mo/. ゲイツやカートライトが当時の当局者としてしゃべっているという事実は、彼らが単に論点を演説として話したというよりも、純粋な信念を表明したということを示唆している。

＊29 中国への競争戦略アプローチ適用に関する試みについては、以下を参照のこと。Mahnken (ed.), *Competitive Strategies for the 21st Century.*

# 第三章　中国本土攻撃への道：エアシー・バトル

アジアにおける米国の軍事戦略の将来像については、現在のところ、大きく二つの学派に分かれて議論されている。一方は直接的なアプローチを推奨する学派である。こちらに属する軍関係者や専門家は、敵対行為が生じた場合、中国本土への通常兵器による攻撃を含め、種々様々な攻撃・防御手段を駆使し、中国の「アクセス阻止・エリア拒否」能力を打ち負かし、無力化するしか選択の余地はないと主張する。この見解をとる人々は、いわゆる「エアシー・バトル構想」の下に集ってきた。

他方、エアシー・バトルの危険性と不適切さを感じる数多くの専門家が、米国とその同盟国は中国の軍事力増強に対し、何らかの間接的な対応を採用すべきであると論じてきた。その中でいくつかの選択肢が検討されているが、いずれも中国領土への直接攻撃を避け、代わりに主として米国および同盟国の海軍力により中国政府を屈服させる策が練られている。これが「間接戦略」であるが、このグループはさらに二つのグループに分割できる。

一つ目は、遠距離海上封鎖を提唱する人々である。中国のアクセス阻止能力の及ばない、中国領からはるか離れた地理的なチョークポイントで、船舶（特に石油、天然ガス輸送船）の航行を阻止するというものである。もう一方のグループは、より積極的な海洋拒否戦略を提唱する人々であり、米国及び同盟国が水中戦能力を活用し、港湾への機雷敷設や船舶撃沈により、中国沿岸海域ですら航行できないようにするというものである。

## 作戦構想

最近の五年間で、アメリカの軍事力の投射に関する問題が、国防省の戦略的最優先課題の一つに浮上した。二〇一二年に米国防省が示した一〇項目の「主要な使命」において、「アクセス阻止・エリア拒否という挑戦に対抗しての戦力投射《パワー・プロジェクション》」は「対テロと非正規戦」、「侵略の抑止、粉砕」に次ぐ三番目に位置付けられたのだ＊1。国防当局者は、「アクセス阻止・エリア拒否」能力の拡散は一般的な傾向であると指摘し、特定の一か国が最有力な敵国と推定されることを避けようと四苦八苦していた。しかしながら、中国の能力向上が唯一最重要の懸念材料であり、アクセス阻止の挑戦に対する解決策模索の背景にあったことは、誰の目にも明らかであった。

二〇〇九年七月、ロバート・ゲイツ（Robert Gates）国防長官は、軍の計画担当者に『グローバル・コモンズにおける、米国の行動の自由及び戦力投射《パワー・プロジェクション》能力を維持』するための方策の検討を命じた＊2。半年後、「四年ごとの国防計画見直し」（QDR２０１０）において、「空軍と海軍は、高度な〃アクセス阻止・エリア拒否能力〃を有する…敵を破るために、共同で新しい統合エアシー・バトル構想を検討中である*3」と公にされた。これに続き、二〇一一年一一月「統合作戦アクセス構想」（Joint Operational Access Concept: JOAC）が公表された。マーティン・デンプシー（Martin Dempsey）統合参謀本部議長によれば、この統合文書が意味するところは、「台頭する〃アクセス阻止・エリア拒否〃という安全保障上の挑戦に対し、統合軍としてどのように作戦を遂行するか、という私のビジョンを幅広く述べたもの」である*4。統合作戦アクセス構想（ＪＯＡＣ）の公表と同時に、海・空軍合同のエアシー・バトル室が設置された。ここは「〃アクセス阻止・エリア拒否〃環境下で作戦するために、海・空軍を統合する」概念の精緻化と実施を監督する部局であると説明されている*5。

二〇一一年後半にエアシー・バトル構想が公になった後、何人かの高級幹部が、エアシー・バトル室の所掌業務の重要性と限界を明示することを意図した声明を発表した。エアシー・バトルをめぐる論争と混乱への対応の一環として、二〇一三年三月に国防省はエアシー・バトル構想の要約版を公開した。直近の声明の方が幾分より具体的で詳細ではあるものの、国防省はエアシー・バトル戦を戦うために使用する武器体系と戦術の細部を公表することを止めてしまった。この判断は機微な外交上の問題と保全上の配慮によるものであるが、エアシー・バトルが開発途上であるという理由もある。

一連の講演と記事の中で、ノートン・シュワルツ（Norton Schwartz）空軍参謀総長とジョナサン・グリナート（Jonathan Greenert）海軍作戦部長は、「エアシー・バトルは特定の切迫した脅威というより、むしろ幅広い新たな挑戦への対応である」と説明した。シュワルツ参謀総長によれば、ソ連崩壊から二〇年間「アメリカ合衆国からの遠征能力、前線基地へのアクセス、潜在的な戦域における機動力は、ほとんど挑戦を受けることは無かった」という。しかしながら今日、「この優位は脅威に晒《さら》されている」のである*6。

この挑戦の根底にあるのは、現在進行中の「先端技術と情報処理能力の拡散」である*7。シュワルツ参謀総長とグリナート作戦部長によれば、特に懸念されるのは「一部の国により積極的に行われている、超水平線監視システムと一体化された、高性能長射程精密誘導兵器の開発、備蓄、拡散」である。「アクセス阻止域」の外縁は、「ディーゼル潜水艦隊の増強、戦闘機、爆撃機の能力強化、新型防空・電子戦システム搭載の水上艦部隊」によってさらに拡大しつつある。これらを併せて考えると、これらの能力は「地域覇権を模索するよう見える新興国家」が「域内他国をアメリカの軍事介入から孤立させる」ことを可能にするかもしれない。それゆえに、「より効果的な隣国に対する威圧、強制が可能」となるのである*8。強大な軍事力を有する敵対的な大国であれば「同盟国、友好国を和解の模索……若しくは潜在的な不安定化をもたらす、防衛のための軍備増強」に走らせることが可能となるかもしれないのだ*9。

米国にとっては、大洋を超え、軍事力を投射する能力に対する挑戦は、とくに目新しいものではない。実際の所、歴史的に見れば、安定したグローバルなアクセスが継続したのは稀である。国防省の統合作戦アクセス構想が明らかにしたように、「第二次世界大戦中の北大西洋や太平洋の戦闘を通じて証明されたように、作戦地域へのアクセスを制する戦いこそが、戦争におけるその他の要素を支配した」のであった。洗練された敵との将来戦において、米軍には再び「敵の武力抵抗に対する、作戦アクセスの維持・獲得」の任務が付与される可能性があるのだ*10。

増加する脅威の中、米国は「アクセス及び作戦行動の自由が脅かされつつある地域において戦力投射能力を維持する」計画を練り、能力を獲得する必要があるという*11。しかしどのようにすればそれを獲得できるのだろうか。統合作戦アクセス構想（ＪＯＡＣ）では、一一項目にのぼる「作戦アクセス活動における指針」がある。最初の項目では、米軍は「作戦領域間の相乗作用（クロスドメイン・シナジー）の活用」を実現せねばならない、と指摘されている。このために「対艦攻撃武器を破壊するエアパワーの使用、防空網を無力化する海軍力、空・海兵力に脅威を与える地上からの脅威を無力化する地上軍、スペースシステムを破るサイバー作戦」等が用いられる*12。その他に提案された手段のいくつかは防御的性格を持つものであり、例えば、作戦基盤となる基地のオプションを多様化したり、「敵のターゲティングを複雑にする欺瞞、ステルス、曖昧さ」を通じた奇襲効果の最大化などがある。しかし、その他のほとんどの指針には、明確に攻撃的なトーンが感じられる。これらの指針の中には、米軍は「友軍の偵察活動を防御している間に、敵の偵察、監視活動を妨害し」、「敵の宇宙・サイバー能力を攻撃している間、我が宇宙・サイバーアセット（戦力資産）を防護し」、そして「周辺部から敵の防衛力を撃退するよりは、むしろ敵の〝アクセス阻止・エリア拒否〟の防御網を縦深攻撃せよ」などがある*13。

二〇一三年の要約版エアシー・バトル構想の報告書ではさらに詳細に脅威の特質、米国の対応すべき主たる要素が論述されている。この報告書は、どのように敵が「アクセス阻止・エリア拒否能力」を使用するか、という堅実かつ現実的な仮定から説き起こされている。まず第一に、「敵はわずかに警告を発するか、あるいは無警告で軍事活動を開始する」と仮定している。その結果「前方に展開している友軍は、敵対行動開始時には既に〝アクセス阻止・エリア拒否〟環境下に置かれる」という。そのため「即時、効果的に対処」できるよう準備ができていなければならない。何故ならば、そのような攻撃は、敵の成功にとって決定的に重要であり、強固な意志を持ち行動する敵は、同盟国領域に所在する米軍基地への攻撃を躊躇《ちゅうちょ》しないからである。実際、米本土でさえ、そのような攻撃の影響は避け難い。その結果、「米軍の作戦基盤となる、すべての基地を防護せざるを得ない」という。統合作戦アクセス構想（ＪＯＡＣ）が強調する複数領域における現代戦で述べているのと同様に、エアシー・バトル構想も、全五領域（宇宙、サイバー、空、海、陸）で「敵と争うことになる」と力説し、いかなる領域も譲《ゆず》ることはできないと述べている*14。

著者によれば、「〝アクセス阻止・エリア拒否〟の挑戦に対するエアシー・バトルの解答は……敵兵力を妨害、破壊し、打ち負かす為の、ネットワーク化された統合縦深攻撃能力の構築（networked, integrated forces capable of attack-in-depth to disrupt, destroy and defeat adversary forces：NIA/D3）である*15。ネットワーク化と統合とは、統合作戦アクセス構想で示された作戦領域を横断して行われる、クロス・ドメイン作戦には不可欠である*16。「縦深攻撃」では、最初に敵防空網を組織的に破壊して巻き返し《ロールバック》作戦を行うのではなく、「敵の拒否地域を突き抜ける戦力投射《パワー・プロジェクション》」と「敵の決定的な脆弱点に対する力学的《キネテック》・非力学的《ノンキネテック》手段」による攻撃が必要である＊17。

エアシー・バトル構想で肝心なのは、三つの「努力目標」である。第一に、米軍及び同盟国軍は「敵の指揮、統制、コンピューター、情報、監視、偵察（Ｃ４ＩＳＲ）能力を「妨害」し、その追尾、位置極限能力を無能力化することにより「理想的には友軍への攻撃を不可能にする」ことを目指すという。第二に、少なくとも敵の「アクセス阻止・エリア拒否」のための発射母体や武器システムの一部が使用される前に「破壊」することを狙い、それにより敵の攻撃能力を減殺し、「友軍の残存性」を向上させるとともに、より大きな「行動の自由」を確保する。第三に、敵が武器の発射に成功したのであれば、米国及び同盟国軍は敵の「発射後」の武器を「打ち負かす」ことを目的とするのである＊18。

海軍作戦部長と空軍参謀総長は、エアシー・バトル構想の狙いについて、米軍特有の率直な言い回しで、「敵の攻撃ネットワーク（kill chain）を撃破することにある」と要約している。攻撃を行うために、敵は米軍の位置を局限し、情報を伝達し、武器を発射し、目標へ誘導するといった「一連の行動を完了しなければならない」点を彼らは指摘したのである。「これらのステップは、阻止や妨害に対し脆弱であり、そして各々のステップがきちんと機能しなければならないため、我々はその全てを破壊することなく、連鎖の弱点に努力を集中することができる＊19」というのだ。グリナート作戦部長とウェルシュ参謀総長は言及しなかったが、連鎖の頂点に位置し、最も脆弱なリンクであるのは、指揮統制等（Ｃ４ＩＳＲ）システムである。なぜならこのシステムが敵の効果的な攻撃にとっては不可欠な要素であることは明白であるからだ。

米国政府関係者はエアシー・バトル構想がどのように中国に適用されるかに関して、注意深く言及を避けてきた*20。この問に最も詳しく答えているのは、二〇一〇年に退役海軍大佐ヤン・ヴァン＝トルが行った、あるシンクタンクでの研究である。いくつかの点で現在の米国防省の考えと異なった方向性を持つことは明らかだが、ヴァン＝トルの記した報告書は、後のエアシー・バトル構想報告書で示されたのと極めて似た、いくつかの「明白な作戦の流れ」を描き出していた。その中には「初動の攻撃に耐え、米国及び同盟国軍兵力、基地への損害を局限すること」、「人民解放軍の戦闘ネットワークに対する盲目化作戦の実施」、「人民解放軍の長距離攻撃システムに対する制圧作戦」が含まれる*21。特に二番目の盲目化任務は、最終的な勝利獲得に不可欠である。ヴァン＝トルの言葉を借りれば「中国軍のシステムの盲目化作戦は、他の諸作戦のあらゆる局面において、エアシー・バトル成功の鍵」である*22。これを達成するためには、中国の衛星、地上ステーション、対宇宙能力、超水平線レーダー網といった一連の重要目標に対する力学的《キネテック》攻撃を含む、迅速な攻撃を行うことが不可欠となる。ヴァン＝トルによれば、これらのレーダー等に対する攻撃は「初期の米軍の攻撃における最優先攻撃目標」とされるべきなのだ*23。

人民解放軍の地上発射型ミサイルに対する米軍の攻撃は、最初の「盲目化」攻撃の直後に実施されるが、実際はかなりの長期間を要するものになるだろう。中国防空システムの能力を低下させて「複数の方向からの回廊」を確保した後、地上発射型ミサイルランチャー、及びその指揮・統制網の位置局限、そしてそれに対する攻撃のためには、(ステルス爆撃機、無人機を含めた)侵入システムと、(潜水艦発射の巡航ミサイルを含めた)スタンドオフ兵器の組み合わせが使用されるであろう。「人民解放軍のミサイルと、移動式ランチャーの数は、大きな被害を与えるには余りにも数が多く、発見し難い」とされているが、ミサイル制圧作戦を実施することにより、米軍及び同盟国軍に対する攻撃の規模、精度は低下させることができる。

何よりもこの作戦により、同盟国軍で形成されるミサイル防衛（missile-defence：MD）システムが対処する中国軍のミサイルを、「土砂降り」から「霧雨」に変えることができる利点がある。ヴァン＝トルは、発射母体と武器システムの破壊が「中国の迅速な『ノック・アウト』パンチを防ぐ上で死活的に重要になる」と結論付けている*24。

## エアシー・バトルに対する評価

エアシー・バトルに対して大きくわけて二つの批判がある。一つは、「エアシー・バトルは地上軍（訳者注：陸軍・海兵隊）を犠牲にして、空・海軍がより多くの予算を獲得するための正当化以外の何物でもない」というものであり、もう一つは、「エアシー・バトルは完全に成熟した戦略では無い」というものである。両方の批判にはいくらかの真実が含まれているが、どちらもこの構想を論破するには至っていない。海・空軍トップが示すエアシー・バトルへの強烈な支持は、この構想が海・空軍にとって比較的有利な側面があることを反映している。また米陸軍、海兵隊の専門家による提起された異議申し立てに関しても、最近の両軍種トップにより提起された、新たな作戦概念に基づく地上軍の役割定義の試みと同様に、偏狭な動機に基づく反応の一部とも言える。しかしながらこれらの事実は、エアシー・バトルの原点についてわずかにしか語っておらず、潜在的な有効性に関しては全く示されていない*25。

エアシー・バトルに対するいくつかの批判から、厳密に言えばエアシー・バトルは「戦略に寄与するための作戦概念」であり*26、「中国に対する勝利の理論」ではないということは正しい*27。しかしこれらは、エアシー・バトルを熟知した支持者たちが合意できない主張というわけではない。この批判を抑えるために、実際エアシー・バトル室が二〇一三年五月に公表した文書は「エアシー・バトルは戦略ではない」とはっきりと認めている*28。一方、統合作戦アクセス構想では、エアシー・バトルを「戦闘構想とでも呼称すべきものであり、〃アクセス阻止・エリア拒否〃の脅威下における海・空軍統合に焦点を当てた、限定的な作戦構想」であるとしている。その目的は「これらの脅威を打ち負かすために必要なアクションと、これらのアクションを実施するために必要な物的・非物的投資を明らかにすること」とされている*29。言葉を替えれば、エアシー・バトルとは、特定の作戦上の問題に対する解決策を模索する、計画立案者たちのための原則、若しくは包括的指針である。

エアシー・バトル擁護者の一人は、エアシー・バトルは「特定の戦略における所期の目的、固有のリスク」は示していない、と述べている*30。どのように「ドアを蹴破るか」は教えるが、入った後、どうするかは自分で考えろ、ということなのだ。国防省報道官は、「いずれにせよ、その後に何を達成するかは、各統合軍司令官の裁量である*31」と述べている。良く言っても、エアシー・バトルはクラウゼヴィッツが「戦争の政治目的」と述べた、当初の軍事目的達成につながる計画・準備を含めた、より大きな戦略の一構成要素に過ぎないのである。

## エアシー・バトルへの三つの問い

人民解放軍が、第一章で述べたとおりのドクトリン・武器を使用し、米軍がエアシー・バトルまたはその変種に基づく作戦を実施した場合、米中紛争の結果はどうなるであろうか。この問いは三つに分けることができる。①厳密な軍事用語に照らしてみて、両軍間で一連の交戦が実施された場合、その結果はどうなるか？　②双方による当初の武力行使が行われた後、外交による迅速な解決に交渉の場を移す可能性はどの程度か？　そして、③核へのエスカレーションへつながる可能性はあるか？である。

## 軍事的影響

エアシー・バトル室が公表している文書によれば、米国の計画立案者たちは、米中戦争が中国軍による第一撃から生起すると想定している。従ってこれが正しければ米国及び同盟国がいかに上手に「第一撃に耐えることができるか」に多くが掛かっていることになる。しかしながら、この点こそがまさに中国の「アクセス阻止・エリア拒否能力」向上に伴って重大な疑問を生じさせている問題である。既に指摘されているように、エアシー・バトル室の報告書によれば、画期的な防御策なしには、前方展開兵力及び基地を防御し、来襲する中国軍兵器を打ち負かすための能力は、減耗し続けるのである。今後五～一〇年以内に、中国軍は、はるか東方のグアムを含め、現在米軍が西太平洋において基盤としている固定基地の全てに対し、最初の一撃で壊滅的な被害を与えうる能力を持つと見られている。これに対し、迎撃ミサイル等の積極策だけでこれらの固定基地を防御できる見込みはあまり高くないように思われる。力学的《キネテック》対誘導弾システムの配備数と能力の大幅な向上がなければ、中国の第二砲兵（ロケット軍）による囮《おとり》弾を含む大規模攻撃は、米国及び同盟国の防御システムを圧倒すると見積もられている*32。また、人民解放軍は、弾道ミサイル、巡航ミサイル、魚雷の組合せにより、中国距岸一五〇〇海里以内で行動する、航空母艦を含む米軍水上艦艇の何隻かを撃沈できるようになるだろう。

その一方で米国及び同盟国は、中国の武器を目標到達前に邀撃することに加え、受動的防御のテクニックにより、それらの攻撃効果を低下することができる。もし戦略レベルで警報が間に合えば、航空機の代替飛行場への分散避退、航海可能な全ての艦船の出港、航空機や主要水上戦闘艦艇の所在を隠す隠蔽措置、若干の重要戦力資産《アセット》の弾道ミサイルの射程外への避退等により、第一撃による被害を減少させることが可能となる。これらの方策により、米軍及び同盟国軍は戦闘を継続することができるようになる一方で、統制された反撃を速やかに実施する能力は低下する。継続攻撃実施の意図をもって中国軍が再度来襲（おそらくは一旦、同盟国側の防空能力を低下させた後、ミサイル同様に有人機も使用）できれば、中国には主導権を確保しつつ、どのような反撃をも鈍化できる大きなチャンスが出てくる。

開戦直後の中国による第一撃が多大な効果を挙げたとしても、米国が中国の指揮統制等（C4ISR）ネットワークを混乱させることを目的として実施する迅速な盲目化作戦を、中国側は必ずしも防げない。この一連の作戦は、攻撃探知直後に実行され、部分的には、敵センサーやコンピューターネットワークへのサイバーあるいは電子戦攻撃、軌道周回衛星への電波妨害や無能力化といった、瞬時に反撃できる手段を用いて開始される。特定の目標に対する物理的な攻撃は、水上艦艇や陸上機よりも、先制攻撃に対して非脆弱な攻撃型潜水艦や、戦域外から飛来して侵入する、ステルス爆撃機により実施される。

サイバー攻撃やその他の非力学的《ノンキネテック》手法に全面的に依存したいと思わない限り、米国の計画立案者たちは、通常型精密誘導兵器を使って中国の指揮統制等（C4ISR）ネットワークの中核を破壊する能力の維持を望むだろう。死活的に重要な人民解放軍の施設のいくつかは、現有の海上発射型巡航ミサイルの射程外の内陸深くに位置することから、比較的近い将来の盲目化作戦の成否は、中国の防空網を突破するためのステルス有人機の能力に大きく左右されるようになると思われる。これに対し、ステルス機を追尾・照準できるような予期せぬ技術革新や、離陸前に無力化する（恐らくは、米本土を含む地上基地での破壊工作《サボタージュ》のような）予測困難な非正規戦術は、米軍が実施する盲目化作戦の効果を激減させるかもしれない。

盲目化作戦の成否が、これに続いて実施される中国軍に残された武器及びプラットフォームを破壊してこれを制圧する米軍の能力に、大きく影響する。中国の指揮・統制ネットワーク、特に防空関連システムを混乱させれば混乱させるほど、この後に米軍が得る行動の自由は大きくなる。しかしながら、目標となる部隊の数が多く、分散退避や隠蔽の可能性が高い状況下での作戦は困難を極め、任務の一部は現有の展開兵力では達成できないであろう。

それに比べれば、中国の海上プラットフォームからの第二撃以降の発射能力を減殺することは、比較的容易なはずである。米潜水艦は敵水上艦艇を撃沈し、敵潜水艦を掃討し、既知の陸上目標に対して巡航ミサイルを発射することができるだろう。盲目化作戦が成功したと判断すれば、米空母や水上戦闘艦艇は、中国海軍の残敵掃討や、中国本土への追加的な攻撃を実施しつつ、より安全に中国沿岸海域で行動することが可能となるからだ。

中国の巡航・弾道ミサイルを発射し続ける能力を漸減させる方法には、他にも問題がある。能力が高いミサイルの多くは移動式である上、中国の国土は広大であり、軍は長年にわたる遮蔽、隠蔽、偽装、防護強化の経験を有している。人民解放軍は第一撃前、若しくはその直後に、可能な限り多くの武器を分散させるであろう。米軍がこれを破壊するためには、その前にそれを発見しなければならない。

ヴァン=トルが指摘したように、米軍の「スタンドオフ精密誘導兵器を搭載した在来型爆撃機」は「既知の固定ミサイル発射サイト」や、他の施設は攻撃できるだろう。しかしながら、移動式ミサイルを発見して破壊するには、現在米国が保有していない「航続距離の長い有人及び無人ステルス機による侵入のようなもの」が必要となる*33。人民解放軍を指揮統制等（C

４ＩＳＲ）能力低下状態に保ち続けることができれば、中国側の米軍及び同盟国軍の移動目標（特に海上の艦船）の位置局限や攻撃評価は困難となる。しかし港湾や飛行場といった固定施設に対しては、事前の設定どおりに発射サイトから当てずっぽうに発射することはできるのだ。

## 政治的効果

どちらが当初の軍事目的を相手より達成したかにかかわらず、米、中ともに相手に対して停戦条件を指図する立場にはないであろう。その点から「エアシー・バトルは『勝利の理論』を含んでいない」と主張する人の意見は正しい。他方で中国の「積極的戦略外線反撃（ＡＳＣＥＬ）」（第一章参照）構想も、この点では同じである。仮に人民解放軍が米軍の前方展開基地や施設に壊滅的な打撃を与えたとしても、米国全土に徹底的な攻撃を加えない限り、米軍の動員、再展開、戦争継続を阻止することはできない。歴史を見れば、米国は最初の一撃による敗北で決して引き下がったことはないからだ。

同様に、エアシー・バトルが完璧に成功すれば、米国や同盟国軍部隊や基地に対する中国側の通常兵器による攻撃能力を減殺し、米・同盟軍が次章で述べる様々なタイプの封鎖活動を可能とするような、後続の作戦への道が開けるかもしれない。しかし、戦争の第一幕における惨敗でさえ、中国指導部が外交的解決を模索する決定的な要因にはならない可能性がある。反対にそれは、彼らを戦争継続か、国内政治権力の喪失かの究極の選択に直面させることになるかもしれないからだ。

## 核エスカレーション

エアシー・バトル批判者は、作戦構想としての有効性云々よりも、むしろ推定されるエスカレーションの可能性を問題視している。実際、エアシー・バトルに突きつけられる批判は、エアシー・バトルが思い描くやり方で中国本土を通常兵器で攻撃した場合、核の使用という反応を引き起こしかねない点に向けられている。中国政府は先制不使用（no first use：NFU）ドクトリンの堅持を宣言しているものの、近年、中国の研究者の間では、人民解放軍は場合によっては通常兵器に対する攻撃への報復として、核兵器の使用に備えるべきであるという議論が公然と行われている＊34。おそらくこのような意見発表の意図は、中国の対応を曖昧にすることで、核によらない攻撃に対する抑止を高めることにある。したがって、そのような警告を発するということは、実質的に政府の意見を代弁しているのかもしれない。しかし、このような発言をどれほど真剣に受け止めるべきであろうか。

中国の通常兵器による第一撃では、おそらく外国領土に駐留する米軍基地（グアムが攻撃対象にされた場合、米国領土も含むことになる）が破壊され、百人単位、もしくは千人単位の米国人が死亡するであろう。中国の戦略家は、米側の戦略家が西太平洋と米国本土に明確な一線を引いていると信じているかもしれないが、そのような場合を除き、米国が中国のいくつかの基地に対して攻撃を加えることで報復したとしても、それほど大きなショックを受けることはないはずだ。事前に中国側がどのようなヒントを示していたとしても、中国の指導者が反射的、あるいは盲目的憤怒に駆られ、中国本土に対するあらゆる攻撃に対して核兵器で反撃する、という事態は考えにくい*35。

中国の核兵器が増加する一方で、もし米国が配備する長射程核兵器の削減が続く場合、米中間の全体的な軍事バランスは、エスカレーションの危険がより高まる方向へシフトするであろう*36。米軍削減と、中国の第二撃能力の増強・残存性向上から、中国の計画立案者たちは、大規模な報復攻撃を抑止しつつ、限定的核攻撃を行うことが可能であると考えるかもしれない。しかしながら当面の間、中国政府は米軍の通常兵器による攻撃に対し、「核兵器を使用することは破滅的な反応を引き起こすことになる」と恐れなければならないだろう。この二国間の核兵器の相対的残存性とその保有量から、核の応酬は、米国よりも中国にとってはるかに不利である。自暴自棄だが、それでも合理的な中国の指導者は、米国に衝撃を与え、中国本土への攻撃を中止させるために、一発か二発の核による「警告射撃」を賭博的に使用するかもしれない。しかしながらそのようなジェスチャーは、中国の指導者あるいは共産党支配体制に対する、致命的な結果になりかねないことを考慮せねばならないだろう*37。

熟慮の結果か指揮・統制の崩壊によるかを問わず、エスカレーションは、中国の重要目標に対する米軍攻撃の成功がもたらす、意図しない結果につながる。仮に第二砲兵（ロケット軍）がいくつかの基地で核兵器と通常兵器を近接して配備・保管している場合、そのような意図が無くとも、「米軍は中国の報復能力の減殺、あるいはその破壊を狙っている」と中国側に思われる可能性がある。弾着するまで弾頭が核かどうかは不明なので、米軍による通常弾頭弾道ミサイルの使用は、この問題をより深刻なものとしてしまう。盲目化作戦は「アクセス阻止・エリア拒否」攻撃に続く、継続的な協同攻撃能力を減殺することに加え、中国政府から早期警戒レーダーや偵察衛星の能力を奪うと共に、通信ネットワークも妨害することになるだろう。そのような状況に直面すれば、中国の指導者は核兵器を使用するか、これを失うかの選択を迫られていると感じるかもしれない。さらに懸念されるのは、米軍による通常兵器の反撃後に生起する混乱により、不適切な命令、あるいは適正な上級司令部からの命令無しで、核兵器が発射される可能性があることだ*38。これらのリスクは、いかなる信頼性評価も不可能であるにも関わらず、「中国本土に対し攻撃を仕掛けるかどうか」という決断に直面した米国の政策決定者の心に、大きな重圧となってのしかかることになる。

一方で中国の指導者も、通常兵器による攻撃が米国の核兵器使用を引き起こすかどうかについて判断にせまられることは特筆すべきである。

現在のところ、中国の指導者には懸念すべき大きな問題がある。それは、米国政府がこれまで、核の先制使用を否定してこなかったという点だ。それどころか、拡大抑止の政策において、核攻撃同様に通常兵器による同盟国への攻撃に対し、核による反撃の可能性を残してきたのだ。そのような脅しの信頼性は、最近の核兵器への依存度の低減や、最終的な核廃絶を目指すという声明によって弱まった可能性がある*39。今後さらに、中国の長射程核戦力の増強と非脆弱化が進行すると同時に、米国核戦力の更なる削減、先制不使用政策の採用が重なると、米国の核の脅しの信頼性はさらに低下するだろう。しかしながら当面の間は、中国の計画立案者たちは依然として「通常兵器による第一撃は、あらゆる戦果をも無に帰すような核での反撃を引き起こすかもしれない、と懸念するはずだ。

## 抑止

エアシー・バトルが軍事的成果に及ぼす影響に比べて、抑止への寄与についてはあまり注目を集めていない。エアシー・バトル構想の擁護者たちは、「抑止の有効性は戦闘効率に必然的に付随するものである」と見なしている。この見方によれば、米国及び同盟国が「アクセス阻止」作戦を打ち負かせるのであれば、中国は作戦開始以前にそもそも抑止されることとなる。この単純な主張は、評価に介在する重要なプロセスを見えなくしている。仮に軍事衝突の結果についてエアシー・バトルの擁護者たちが正しく判断したとしても、中国指導者が同様の結論に至らない限り、エアシー・バトルは抑止力として機能しない。この構想が抑止力として役立つかどうかを判断するには、人民解放軍の計画指導者が米国との軍事バランスや、将来戦の予測される結果をどのように評価しているかについての深い理解が必要になる。

それはさておき、エアシー・バトルは抑止理論家の言う三つのメカニズムの全てを作動させる潜在力がある。この三つのメカニズムとは、目標達成拒否の見込み、厳罰の確信、トマス・シェリング（Thomas Schelling）の言う「偶然性に委ねられた脅し」である*40。「アクセス阻止・エリア拒否」作戦発動に際しては中国の指導者も熟考するので、初動の攻撃が単に上手く作用しない、あるいは西太平洋に対する米軍の戦力投射《パワー・プロジェクション》能力を無力にするまでのレベルの被害を与えられないという確信により、彼らは攻撃を思いとどまるかもしれないのだ。中国自身のシステムパフォーマンスに対する疑いと、米国及び同盟国のアクティブ・パッシブ防御に対する高い評価の組合せは、この結論に至るのに十分なものとなるかもしれない。

拒否的手段による純粋に防衛的な抑止戦略に伴う問題は、潜在的な侵略者に十分なリスクをもたらさない可能性があるという点である。もし米国及び同盟国が、拒否以外の反応、すなわち反撃を実施しなければ、「アクセス阻止・エリア拒否」攻撃を命じて失敗した指導者は、面目を失うことにはなっても、使用された武器の費用を除き、物理的には大して失うものは無い。ところがエアシー・バトル構想の下で描かれた純粋な通常兵器による反撃は、この計算式を大きく変えるものである。米国の報復は、中国のミサイルの製造、保管、発射サイトとともに指揮統制ネットワークの重要部分をも破壊できる。そしてさらなる一斉攻撃により、港湾、飛行場、後方支援の中核機能、さらには人民武装警察や治安部門関連の施設を含む、国内治安機構にも被害をもたらすからだ。

第一撃を単に食い止めるというよりも、打ち負かす、あるいは中国軍や治安機構の重要部分を破壊するとした方が、攻撃に際して予想されるコストを吊り上げ、これによりその種の攻撃を抑止できる可能性が高まる*41。

核エスカレーションの危険につながりかねないエアシー・バトルの攻勢的な側面も、抑止にさらに寄与する面がある。通常兵器による第一撃について熟考する中国の国家指導者は、米国が迅速な核報復で応える可能性に疑問を抱くかもしれない。しかし、既に認識された理由から、中国の指導者は、「誰が何を企図したにせよ、自分たちの行動が全ての関係者にとっての大惨事となりかねない一連のイベントにつながる」との不安を抱くかもしれない。

もし人民解放軍の計画立案者たちが、米軍が盲目化作戦により第一撃に対抗し、その結果、核兵器を使用するか、あるいは全てを喪失せざるを得ない状況に追い込まれると確信したとすれば、そのような状況を忌避しようとする思いが、そもそも最初の「アクセス阻止・エリア拒否」攻撃を思いとどまらせるかもしれない。要するに、エアシー・バトルのエスカレーションの可能性を危惧する意見は正しいかもしれないのだ。そしてエスカレーションの危険があるというこの事実が、まさに抑止の効果を強化しているのである。中国の指揮統制等（C４ＩＳＲ）ネットワークに対して、通常兵器による迅速な反撃を実施するか否かについての米国指導者の決心の是非にかかわらず、そのような能力を保持することが、そのような決断を下す可能性を低くするのに役立つはずだ。

通常兵器による戦争から核戦争へのエスカレーションの問題に加えて、エアシー・バトルが危機の安定性に与える影響の問題もある。極めて強力だが潜在的に脆弱な通常兵器で武装した二者が対峙した場合、精密通常兵器による複合攻撃は、冷戦期に核戦略者をあれほど悩ませた「瓶の中の二匹のサソリ」論（互いに相手の先制攻撃で無能力化されることを恐れる）を発生させかねない*42。中国指導者が、「米国は自分たちの〝アクセス阻止・エリア拒否〟の効果を劇的に減少させるような盲目化作戦を本気で行おうとしている」と恐れれば、彼らは最初に攻撃せざるを得ないと感じるかもしれないからだ。

米国は、自身の武器システム、情報ネットワーク、指揮統制等（C4ISR）基盤の脆弱性を軽減し、中国側が敵対行為を開始することで得る優越が何であれ、これを最小化することで、幾分かはその危険を減ずることが可能となる。それでも中国軍の射程の延伸と命中精度の向上に伴い、米国は例えどんな戦略を採用しようとも、これらの防御的措置を取らざるを得なくなるのだ。ここでの本質的な問題は、中国の攻撃能力に多大な脅威を与え過ぎないように、米軍の攻撃能力向上策をどの程度で抑えるかという点にある。特定の状況においては、一方的な自己抑制によって、戦争の危険を軽減できる可能性が出てくる。しかしながらその場合、一旦抑止が破綻した際に、米軍及び同盟国軍への被害局限のための反撃オプションは、かなり限定的なものとなるであろう。

**長期的競争**

現在進行中の米中間の戦略的競争に対してエアシー・バトルがどの程度影響を及ぼすかは、一つには、構想がどのように具現されるかに左右される。これまで示唆されてきたように、中国がさらなる弾道ミサイルを調達するコストは相対的に低いため、米国や同盟国にとって固定施設や艦船を主として伝統的な力学的《キネティック》防御兵器により守るという手法は、勝利への定理とは言い難い。他方、掩体強化、分散、そして隠蔽などを織り交ぜた防御は、それを積極防御の強化と組み合わせた場合、比較的安価に攻撃側の計画を複雑化させることができ、特に「盲目化」された敵に対しては極めて効果的なものとなる＊[43]。

それよりもはるかに費用対効果が期待できるのは、（レーザーのような）効果的なエネルギー指向兵器（ＤＥＷ）の開発である。ある研究によれば、そのようなシステムは「近接するミサイルに対し、一発あたりにすれば無視できるようなコストで対処できるので、ほぼ無尽蔵の弾薬庫があるに等しい」ことになる。それゆえに、「将来のミサイル競争において、コスト賦課の計算を米国優位」に逆転できるという＊[44]。このように、エネルギー指向兵器の導入は、中国の「アクセス阻止・エリア拒否」戦略の中枢を無力化でき、開発と改修に数十年の歳月と何十億ドルもの予算をつぎ込んだシステムを時代遅れのものにできるかもしれないのだ。その一方で、エネルギー指向兵器のような武器にもさまざまな問題があり、特に比較的安上がりな対抗策に直面するかもしれないので、戦場で効果的に使用できるかどうかは引き続き注視する必要がある。

他にも、エアシー・バトルの攻勢的要素には制約がある。たとえばＦ-35のような有人戦闘攻撃機は、戦闘行動半径やペイロードの制約、最新鋭の統合防空システム（integrated air-defence systems：IADS）に対し脆弱である可能性や、発進基地となる空母や前方基地の潜在的脆弱性等から、中国本土の目標を空爆するのに最適な兵器とは言えない。これらの有人戦闘攻撃機は非常に高価で、使用可能な資源《リソース》を過剰に吸収しかねない＊[45]。今より多くの通常型弾頭巡航ミサイルを搭載した攻撃型潜水艦は、中国の攻撃に対する精密攻撃による反撃の面では、より信頼性の高い手段となろう。しかし、中国奥地に所在する目標に対しては、現存の巡航ミサイルでは射程が不足している＊46。

現在開発中あるいは未配備の様々な武器により、米国は中国の「アクセス阻止・エリア拒否」システムの射程外から、事実上、中国のいかなる場所の施設に対しても通常兵器による攻撃が可能となるだろう。これらの兵器には、空母艦載型無人機（unmanned, carrier-launched strike aircraft：UCAS）、通常弾頭型潜水艦発射中距離弾道ミサイル、新型有人ステルス爆撃機、地上配備型通常弾頭型弾道ミサイル（新型中距離弾道弾または、通常弾頭型大陸間弾道弾 ICBM）、米国本土の基地から一時間以内に世界中のどこでも通常弾頭で空爆できる「即時グローバル攻撃」のような、ある種の極超音速兵器などがある。これらのうち、あるものは概念開発のフェーズ以上に進んでいる。また、通常弾頭型弾道ミサイルは、核による先制攻撃と誤解される恐れがあるために物議を醸《かも》している＊47。

競合戦略の視点に立てば、ある種の弾道ミサイル運搬システムの配備に、さらに他の次元を加えつつ、長射程通常型精密攻撃の脅しに大気吸入推進型の航空機を維持しておくことは、米国にとって大きな優位となるかもしれない。一九九〇年代初期から、人民解放軍の計画立案者たちは、予期される米軍の「スマート」爆弾や巡航ミサイルに対し、攻勢に出ることで反撃することを企図していた。それは、米軍を精密攻撃兵器の有効射程外へ締め出すための、「アクセス阻止・エリア拒否」システムの獲得であった。しかし同時に中国は、防御兵器にも莫大な予算を投入した。限られた範囲かもしれないが、通常兵器による被攻撃への恐れから、統合防空システムの構築、米軍のステルス技術に対抗し発見できるシステム、さらにその他の高価な兵器（移動式大陸間弾道弾ＩＣＢＭ）の開発・配備や広範囲地下施設網の整備の導入に努めてきたのである。これらのプロジェクトに予算が投入されなければ、より多くの資源が中国の攻撃能力向上に費やされたかもしれないことは注目すべきだ。

妥当な予算内で可能であれば、米国は航空機及び巡航ミサイルにより中国の重要目標を脅かす能力を維持・向上させることで、中国に「大気吸入推進型」空爆に対する能動的・受動的防御システムへ資金を投入させることができる*48。これと同時に、現在は開発中だが、いずれは配備されるであろう通常弾頭型弾道ミサイルや極超音速運搬兵器は、中国にとって全く新しいタイプの脅威となる。防御網の外から中国に達する能力を有した兵器は、益々拡大する「アクセス阻止・エリア拒否」網を回避することができる。その種の兵器は、既存の防衛網をほとんど迂回できるので、この非大気吸入推進型システムは、人民解放軍の計画立案者にとって、技術的にも作戦的にも高価で新たな難問となる。隣国をミサイルで恫喝できるが自分はそうされないという、現在の一方的な状況と同じように、中国も通常弾頭型弾道ミサイルの脅威に頭を痛めることとなるからだ。

## 再保証（Reassurance）

エアシー・バトルは、潜在敵国の武器開発計画や、危機における意思決定に影響を与えるのに加えて、友好国の態度にも影響を与えることを狙いとしている。エアシー・バトル室の二〇一三年五月の報告書によれば「この構想で明らかになった能力に対する米国の持続的な投資は、同盟国、友好国を再保証するとともに、国際空・水域における権利について国際コミュニティを無視するような潜在的侵略者に対し、米国は後退も降伏もしない、という決意を行動で示す」と説明されている＊49。戦う手段と決意を示すことにより、友好国の意思を強固にし、より密接な協力関係構築と、友好国自身の努力強化を目指している。

ただしエアシー・バトルの導入が効果を発揮したとしても、結局の所、同盟国の実際の反応は様々なものとなりそうである。そもそも正確な姿が不透明であり、それが自らの軍や戦略にどう影響するかが不明なため、エアシー・バトルは各国政府に当惑と不安を巻き起こしているのだ。仮にエアシー・バトルが前方展開基地、前方展開兵力への依存を低減する形で実行されれば、何と説明しようが、米国はアジアへのコミットメントから遠ざかりつつあるという懸念を発生させてしまうのだ。先制攻撃に対する脆弱性が減るので、純粋な戦闘遂行という見地からは理想的な行動に思われていても、戦域から兵力を撤退させるということは、同盟国に再保証を提供しようとする米国の努力に負の影響を与えかねない。それが「米国が同盟国と離反しはじめているシグナルである」と見做されるようなことになれば、エアシー・バトルは抑止を弱め、戦争のリスクを高めることとなろう。

米国のいかなる友好国も、中国との緊張を高めることにつながる政策に喜んで加担したと中国から見られることを望んではいない。エアシー・バトルの攻撃的な側面、しかもその攻撃の一部は中国本土の目標に対して同盟国の国土から実施されるであろうという事実こそが懸念の元となっている。エアシー・バトルの核へのエスカレーションのリスクに対する考えが西側の批評家のものであり、中国政府からのものではないという事実が、同盟国の不安をさらに高めることにつながっている。しかし、同盟国政府が抱く対立への不安は、中国の能力強化と侵略的態度の増加で相殺されることになる。このような懸念は、少なくともいくつかの米国の同盟国に、程度の差こそあれ、中国のパワーとのバランシングにおいて、米国とより密接に協力させる一因となる。その地理的状況と能力から、日本はエアシー・バトルにとって最も重要な潜在的貢献者となる。既に中国と緊張した関係にあるおかげで、日本は明らかに最も理解力があり、米国のより積極的な姿勢に最も再保証されることは明らかである。韓国は現在のところ、東アジアにおけるその他の主要な同盟国の中で、新たな概念に直接関与することで得られる利益をほとんど見出しておらず、オーストラリアはその中間に位置する＊50。

## エアシー・バトルの含意

エアシー・バトルは一連の作戦上の任務、すなわち敵の指揮統制等（C4ISR）に対する妨害、「アクセス阻止・エリア拒否」システムの破壊、発射された武器の打倒については明らかにしているが、それをどのように実施するかについては具体的に述べてはいない。米軍は、これらの三つの任務を達成する準備を行うために、予算確保、研究開発計画、そして組織編制の三分野にわたる、長い道のりを歩むこととなる。多数の異なる武器と戦術の組合せがある中で、エアシー・バトルへと続く、継続的、あるいは飛躍的な計画とを区別することは有効であろう。これらの計画は相互排他的ではなく、資源の入手可能性と脅威の進化に従い、逐次、あるいは同時に実施が可能である。概括すれば、継続的計画は中国の増強に対し、現存するシステムの持続的な配備を通じてその効果を相殺することを狙いとしており、飛躍的計画の方は、ゲーム・チェンジャー的な新兵器（game-changing weapons）の開発に努力を向けるものである（表1参照）。

**継続的計画（Linear approach）**

エアシー・バトルの継続的計画は、現行の計画及びプログラムと、比較的大差ない構想を実行するものとなるだろう。人民解放軍の指揮統制等（C4ISR）システム妨

**表1　エアシー・バトルへの計画**

| | 敵の優位手段転覆・妨害 | 決定的兵器 | 攻撃主体 |
|---|---|---|---|
| 継続的（線形） | サイバー及び電子戦<br>B-2<br>統合長射程空対地ミサイル(JASSM)<br>潜水艦発射巡航ミサイル(SLCM)<br>次世代爆撃機(NGB) | 力学的兵器<br>(THAAD、PAC 3、SM-3)<br>受動的防御兵器 | F-35, F-22, B-2, B-1<br>NGB<br>JASSM<br>SLCM |
| 飛躍的（不連続）※ | 通常弾頭潜水艦発射弾道弾(SLBM)<br>グローバル精密攻撃兵器 | エネルギー指向(DE)兵器 | 通常弾頭SLBM<br>極超音速巡航ミサイル<br>UAV |

※飛躍的計画には新兵器同様、エアシー・バトルの継続的計画に含まれるものもあるが、ここでは明解化のため、後者にのみリストアップする。

害には、サイバー及び電子戦が中心となる。中国沿岸付近に所在する重要な結節点（Critical nodes）は、潜水艦発射巡航ミサイル、数百km遠方から攻撃可能な長射程空対地ミサイル（統合長射程空対地ミサイル（JASSM）を含む）、短射程武器（統合直接攻撃弾（JDAM）や統合スタンドオフ兵器（JSOW）を含む）によって攻撃される。二つ目の短射程武器は、人民解放軍の防空網の中で作戦を遂行するステルス機（おそらくは遠隔地から飛来するB-2同様、F-35やF-22、状況により空母艦載のUAV）により投下される。中国奥地深くに所在する施設には、唯一、通常弾薬による攻撃が可能なB-2爆撃機が使用される＊51。

地上配備の「アクセス阻止・エリア拒否」武器及びプラットフォームの攻撃という任務も、同様のシステムの組合せで実施されるであろう。また、攻撃は潜水艦や水上艦艇、敵射程外あるいは防御網を突破した有人機から発射される様々な射程の精密誘導兵器や巡航ミサイルによって実施されるはずだ。移動目標に対する信頼度の高い位置情報取得が困難であり、しかも現有航空機は敵地上空において非常に制約された滞空時間しか飛行できないため、攻撃の主力は、固定施設に向けざるを得ない。それゆえに、屋外に分散された中国の巡航・弾道ミサイルは残存する可能性が高いが、中国側がこれらを使用して攻撃した場合は、その所在を暴露することとなり、米軍等による第二撃以降の新たな目標となるであろう。

中国のミサイル発射に対処するには、米国及び同盟国軍は、能動的・受動的な防御システムの組み合わせに依存せざるを得ない。現在は、港湾、空港、指揮中枢施設周辺に配備された短射程ミサイル（パトリオットPAC-3等）や、数を増しつつある艦船搭載迎撃ミサイル（スタンダード・ミサイルＳＭ-３等）を補完する、地上発射型の高々度弾道ミサイル防衛システム（サード：Terminal High Altitude Area Defense: THAAD）の配備が計画されている。これらの計画は、いわゆる太平洋空軍力強化計画（Pacific Airpower Resiliency Initiative）、すなわち空軍がさらなる予算措置を講じている高抗堪性格納庫、滑走路修理キット、防火能力、航空機の緊急分散退避、隠蔽準備等と並行して、拡大・加速されるだろう＊52。

### 飛躍的計画（Discontinuous approach）

現行プログラムに過度に依存する代わりに、エアシー・バトルに対する飛躍的な計画として、国防省はエアシー・バトルの三つの中心的使命を遂行するために、新たな手段の開発に向けてより多くの資源をシフトしつつあるようだ。指揮統制等（Ｃ４ＩＳＲ）システムに対する速やかな妨害を確実に実施するため、米国は、サイバー及び電子戦攻撃を、通常弾頭型弾道ミサイル攻撃により補完する計画を持っているようだ。受動的防御への資源投入が続く一方で、現有の力学的《キネテック》ミサイル防衛のさらなる拡大から、艦載型及び地上目標防御のためのエネルギー指向兵器（ＤＥＷ）の迅速な開発及び配備に向けて資源が再配分されるだろう＊53。中国の「アクセス阻止・エリア拒否」システムの固定施設に関しては、従来通りに巡航ミサイルと落下型爆弾で攻撃、破壊されよう。位置局限が可能になれば、中国の移動式ミサイルも、大陸を隔てる遠距離や潜水艦から発射される通常弾頭型弾道ミサイル、潜水艦あるいは敵射程外の爆撃機から発射される極超音速巡航ミサイルといった超高速武器に対して、極めて脆弱となりうる。さもなければ、米国は中国の移動式ミサイルの位置局限、破壊能力を有する、ステルス長時間滞空型無人機の開発を加速させるであろう。

主として既存のシステムに依存しているため、エアシー・バトルの継続的計画は、相対的に技術的リスクや実行の遅延に関する懸念が少ない。様々なプログラムのどれにどこまで資金を投入するかの決断はまだ下されていないが、これは現状における国防省の方針であるようだ。いくつかの正式なプログラムに固執することは、有人戦闘機や攻撃型原潜といった非常に高価な、相対的に少数の選抜された計画に利用できる資源の、かなりの部分を引き続き費やすことも意味することになる。緊縮予算の中では、より費用対効果の高い可能性のある兵器でも、新規開発には少額の予算しか回せないからだ。

国防予算に与える影響がどのようなものになろうとも、継続的計画に伴う戦略的なリスクは大きい。もし、中国の指揮統制等（C４ＩＳＲ）に対するサイバー・電子戦攻撃が、期待していたほどこれを無力化する効果を発揮できなければ、米同盟側防衛作戦は中国の第一撃の影響を劇的に減少させることに失敗してしまい、一方で中国空軍は、ステルス・大気吸入推進型兵器に対する防衛に成功し、その結果、米軍にとっては戦争の初期段階におけるいくつかの重要目標の達成が不可能となる。また、既知のシステムとアプローチを引き続き推進しても、中国側に新たな難題を突き付けることにはなりそうもない。ただしそのような難題を創出することが、不確実性を高めて、抑止を確かなものにしたり、あるいは人民解放軍にコストのかかる新たな計画を強要して、長期的な競合のバランスをシフトさせるのである。

エアシー・バトルの飛躍的計画は、継続的計画の強点、弱点を逆転させる。エネルギー指向兵器や無人機といった新たなシステム開発が成功裏に進めば、重要目標達成に寄与する上でこれまで以上に費用対効果の高い方法を提供するとともに、人民解放軍の計画立案者が直面する状況を大幅に複雑化し、現在進行中の軍事面での競争を、米国にとってより好ましい方向にシフトさせることができるのだ。しかしながら、コストの超過、予期せぬ技術的問題が、限りある予算を使い果たして新兵器の配備遅延につながる危険は常に存在し、結局はより保守的な計画よりもひどい状況になることもありえる。

＊1 Leon Panetta, 'Sustaining US Global Leadership: Priorities for 21st Century Defense', January 2012, p. 4, http://www.defense.gov/news/defense_strateg c_guidance.pdf. この文書は軍および国防省全体に対する戦略指針及び優先順位を示すものである。

＊2 ASBO, 'Air-Sea Battle: Service Collaboration to Address Anti- Access and Area Denial Challenges', Washington DC, May 2013, p. 1.

オブザーバーによれば、'Pacific Vision'図上演習は二〇〇八年一〇月に実施され、重要な課題発見に寄与した。以下を参照のこと。Richard Halloran, 'PACAF's "Vision Thing"', *Air Force Magazine*, vol. 92, no. 1, January 2009, pp. 54-6. 二〇〇八年三月、台湾総統選挙に伴い、中国軍の軍事行動に対し緊張が高まったとの報告もある。

Wu Ming-chieh, 'US feared cross-strait clash before 2008 election: Wikileaks', *Want China Times*, 9 September 2011, http://www.wantchinatimes.com/newssubclass-cnt.aspx?id=20110911000007&cid=1101.

＊3 Office of the Secretary of Defense, *Quadrennial Defense Review Report* (Washington DC: DoD, February 2010), p. 32.

＊4 DoD, *Joint Operational Access Concept (JOAC) Version 1.0*, 22 November 2011. 最終の公式発表版は二〇一二年一月である。以下を参照のこと。http://www.defense.gov/pubs/pdfs/joac_jan%202012_signed.pdf. 

＊5 DoD, 'Background Briefing on Air-Sea Battle by Defense Officials from the Pentagon', 9 November 2011, http://www.defense.gov/transcripts/transcript.aspx?transcriptid=4923. 国防省組織及び計画文書の上下関係によれば、エアシー・バトルはＪＯＡＣの特定分野、全般的アプローチに焦点を置いたもの。ＪＯＡＣは統参議長の発出する全軍に対する指針、'Capstone Concept for Joint Operations' or CCJO として知られる'Joint Force 2020' の系譜に属する。本文書は大統領及び国防長官から提示された国防省の戦略ガイダンス（DoD Strategic Guidance：DSG)に対する、軍としての対応を示すもの。

＊6 Norton Schwartz, 'Remarks to the National Defense University Distinguished Lecture Program', 15 December 2010, p. 2, http://www. afoutreach.af.mil/shared/media/document/AFD-110414-062.pdf.

＊7 Norton Schwartz, 'Joint CSAF-CNO Discussion on the Air-Sea Battle Concept', Brookings Institution, Washington DC, 16 May 2012.

＊8 Norton Schwartz and Jonathan Greenert, 'Air-Sea Battle: Promoting Stability in an Era of Uncertainty', *American Interest*, 20 February 2012, http://www.the-american-interest. com/

article.cfm?piece=1212.

＊9　ASBO, 'Air-Sea Battle', p. 3.

＊10　DoD, *Joint Operational Access Concept (JOAC) version 1.0*, p. 5.

＊11　Panetta, 'Sustaining US Global Leadership', p. 4.

＊12　DoD, *Joint Operational Access Concept* (JOAC) version 1.0, pp. ii, 16.

＊13　*Ibid.*, p. 17.

＊14　ASBO, 'Air-Sea Battle', pp. 3?4.

＊15　*Ibid.*, p. 4.

＊16　*Ibid.*, p. 5.

＊17　*Ibid.*, pp. 6?7.

＊18　*Ibid.*, p. 7.　二〇一二年の論文の中で、グリナート及びシュワルツは三つの努力目標に関し、さらに詳細に論述している。「攻勢作戦は、敵の戦闘ネットワーク、特に情報、捜索及び偵察（ＩＳＲ）及び指揮統制（Ｃ２）システム破壊……攻勢作戦は、水上艦、潜水艦、航空機、ミサイルランチャー基等の武器発射母体の無能力化……（とともに）防勢作戦は敵から発射された武器に対する防御」Schwartz and Greenert, 'Air-Sea Battle'.

＊19　Jonathan Greenert and Mark Welsh, 'Breaking the Kill Chain', *Foreign Policy*, 16 May 2013, http://www.foreignpolicy.com/articles/2013/05/16/breaking_the_kill_chain_air_sea_battle.

＊20　「アクセス阻止・エリア拒否」を実施する国家に関するブリーフィングにおいても、グリナートとウェルシュはイラン、北朝鮮、シリアについては言及したが、中国とは言わなかった。生起し得る紛争を指し示すことの困難さがここに表れている。以下を参照のこと。J. Randy Forbes, 'China. There,

I Said It', *PacNet*, no. 34, 5 June 2012, http://csis.org/files/publication/Pac1234.pdf.

＊21 Jan van Tol et al., *AirSea Battle: A Point-of-Departure Operational Concept* (Washington DC: Center for Strategic and Budgetary Assessments, 2010), p. 53.

＊22 *Ibid*., p. 57.

＊23 *Ibid*., p. 58.

＊24 *Ibid*., pp. 64?6.

＊25 以下を参照のこと。Sydney J. Freedberg, Jr, 'Army Targets AirSea Battle; Hungers for Pacific Role', *Breaking Defense*, 13 December 2011, http://defense.aol.com/2011/12/13/army-targetsairsea-battle-hungers-for-pacificrole/;Greg Fontenot and KevinBenson, 'Way of War or the Latest"Fad"? A Critique of AirSea Battle', *Infinity Journal*,vol.2, no.4, https/www.infinityjournal.com/article/82/Way_of_War_or_the_Latest_Fad_A_critique of_AirSea_Battle/; and Douglas Macgregor and Young J. Kim, 'Air-Sea Battle: Something's Missing', *Armed Forces Journal*, April 2012, http://www.armedforces journal.com/2012/04/9772607/. 太平洋を含む「アクセス阻止・エリア拒否」に対する地上軍の役割については以下を参照のこと。US Army Capabilities Integration Center and US Marine Corps Combat Development Command,'Gaining and Maintaining Access: An Army-Marine Corps Concept', March 2012, http://www.defenseinnovationmarketplace.mil/resources/Army%20
Marine%20
Corp%20Gaining% 20and%20Maintaining%20Access.pdf.

＊26 J. Noel Williams, 'Air-Sea Battle:An Operational Concept Looking for a Strategy', *Armed Forces Journal*, September 2011, http://www.armedforcesjournal.com/2011/09/7558138/.

＊27 T.X. Hammes, 'AirSea Battle Isn't about China', *National Interest*, 19 October 2012, http://nationalinterest.org/commentary/airsea-battle-isnt-about-china-7627.

＊28 ASBO, 'Air-Sea Battle', p. 1.

＊29 DoD, *Joint Operational Access Concept (JOAC) version 1.0*, pp. 3-4. これらのコメントから、エアシー・バトルはある種、ＪＯＡＣの技術的側面を示したもの。

＊30 Nathan K. Finney, 'Air-Sea Battle as a Military Contribution to Strategy Development', *Infinity Journal*, vol. 2, no. 4, Autumn 2012, p. 9, https://www.infinityjournal.com/article/79/AirSea_Battle_as_a_Military_Contribution_to_Strategy_Development/.

＊31 DoD, 'Background Briefing on Air-Sea Battle by Defense Officials from the Pentagon'.

＊32 エネルギー指向兵器にミサイル防衛の潜在的な利点に関する義論については、「長期的競争」（一一六頁）の項を参照のこと。

＊33 Van Tol, *AirSea Battle*, p. 65.

＊34 中国のアナリストは、「敵の通常兵器による、中国核施設への攻撃」や「大規模な、戦略施設に対し再起不能な被害をもたらす大規模空襲」に起因するような、様々な目的に関連する「積極/消極的抑止における核兵器の使用」について議論している。 Yu Jixun (ed.), *The Science of Second Artillery Campaigns* (Beijing: PLA Press, 2004), p. 223.

＊35 以下を参照のこと。 Elbridge Colby, 'Don't Sweat AirSea Battle', *National Interest*, 31 July 2013, http://nationalinterest.org/commentary/dont-sweat-airsea-battle-8804.

＊36 現在米軍は四〇〇〇以上の戦略核弾頭を、中国は約三〇〇発を保有していると見積もられる。試算によれば、二〇二〇年までに米軍は一五〇〇発に縮小する一方、中国は数百発に増強されると見積もら

れる。Hans M. Kristensen, *Trimming Nuclear Excess: Options for Further Reductions of US and Russian Nuclear Forces* (Washington DC: Federation of American Scientists, 2012). 中国軍は、一〇〇〜六〇〇発の弾頭と長射程運搬システムを保有するようになると見積もられる。Aaron L. Friedberg, *A Contest for Supremacy: China, America and the Struggle for Mastery in Asia* (New York: W.W. Norton & Company,2011), p. 227.〔アーロン・L・フリードバーグ著、佐橋亮訳『支配への競争―米中対立の構図とアジアの将来』日本評論社、二〇一三年、二八八頁〕

＊37 コルビー（Elbridge Colby）は「例え米中間で大規模な戦争が生起しても、核の応酬にエスカレートする見込みはない」と述べている。Colby, 'Don't Sweat AirSea Battle'. 当然ながら、戦争においては中国政府が合理的に行動するとは限らない。中国指導者が誤認や国内政治の圧力により、明らかな危険よりも核エスカレーションを選ぶという議論もある。以下を参照のこと。Joshua Rovner,'Three Paths to Nuclear Escalation with China', National Interest, 19 July 2012, http://nationalinterest.org/blog/the-skeptics/three-pathsnuclear-escalation-china-7216.

＊38 *Ibid.* 他にも以下を参照のこと。Raoul Heinrichs,'America's Dangerous Battle Plan', *Diplomat,* 17 August 2011. http://thediplomat.com/2011/08/17 /america's-dangerous-battle-plan. 反対意見として、フォード(Christopher Ford)は、エアシー・バトルによる攻撃が成功し「中国のＩＳＲや長射程攻撃システム、関連する指揮統制システム」が破壊されても「中国の体制にとっての核心的資産ではない」ため、核エスカレーションは生起しづらいと述べている。Christopher Ford, "'Air/Sea Battle", Escalation, and US Strategy in the Pacific', *PJ Media,* 6 January 2013, http://pjmedia.com/blog/airsea-battle-escalation-and-us-strategy-in-the -Pacific.

＊39 以下を参照のこと。Steven Pifer, 'Nuclear Arms: Obama Visits Berlin? and Returns to Prague', *rookings Up Front*, 19 June 2013, http://www.brookings.edu/blogs/up-front/posts/2013/06/19-nuclear-arms-reductions-obamaberlin-pifer.

＊40 Thomas Schelling, *The Strategy of Conflict* (Cambridge, MA: HarvardUniversity Press, 1990).〔トーマス・シェリング著、河野勝訳『紛争の戦略―ゲーム理論のエッセンス』勁草書房、二〇〇八年〕

＊41 通常兵器による反撃は、この目標達成の唯一の手段ではない。経済封鎖を含む他の手段については第四章にて論述する。

＊42 この問題に関する議論は次を参照のこと。Avery Goldstein, 'First Things First: The Pressing Danger of Crisis Instability in US-China Relations', *International Security*, vol. 37, no. 4, Spring 2013, pp. 66?8.

＊43 貫通型弾頭装備の弾道／巡航ミサイルに対する高抗堪性シェルターに関する一つの試算によれば、七億ドル程度の費用が掛かるが、それにより一〇〇億ドル相当の米空軍アセット（戦力資産）が防御できる。John Stillton,'Fighting Under Missile Attack', *Air Force Magazine*, August 2009, p. 37.

＊44 Mark Gunzinger and Chris Dougherty, *Changing the Game: The Promise of Directed Energy Weapons* (Washington DC: Center for Strategic and Budgetary Assessments, 2012), p. ix.

＊45 最近の研究によれば、二〇一〇会計年度から二〇一六会計年度にかけて二六七九億ドルが「エアシー・バトル関連研究開発、取得」とされており、そのうち八二〇億ドル、およそ三〇％がF-35用である。Research and Markets, 'Air-Sea Battle Concepts, Key Programs and Forecast', G2 Solutions, January 2012, http:// www.researchandmarkets.com/reports/2064421/.

＊46 Virginia Payload Modules (VPMs)を装備した、ヴァージニア級潜水艦は対地攻撃ミサイルを七十六％増強し、最大三七発が六五発になる（実際には発射管は、魚雷や特殊部隊出撃用といった他の用

途に使用されるであろうが）。これは現有の巡航ミサイル発射母艦、改オハイオ級の除籍に伴う能力急落を相殺するものである。しかしながら、ＶＰＭｓは高価である（推計では一隻あたり二〇％、二〇億ドル掛かり、取得総隻数を削減する必要がある）。搭載できるトマホーク巡航ミサイルの射程は概ね一〇〇〇マイルであり、ミサイルの合計は一〇〇〇発単位となろう。これは中国沿岸部に所在する目標には十分であるが、内陸部まではカバーしない。. Ronald O'Rourke, *Navy Virginia (SSN-774) Class Attack Submarine Procurement: Background and Issues for Congress* (Washington DC: Congressional Research Service, 2012), pp. 6-7. ＶＰＭは艦船建造予算に食い込んでおり、プログラムの将来像は不明である。以下を参照のこと。Elaine M. Grossman, 'Pentagon, Lawmakers Deal Blows to Navy Fast-Strike Missile Effort,' *Global Security Newswire*, 31 July 2013, http://www.nti.org/gsn/article/pentagonlawmakers-deal-blows-navy-faststrike-missile-effort/.

＊47　国防省は新型爆撃機開発に取り組んでいるが、初期運用態勢（initial operational capability）は二〇二〇年代とされている。Kris Osborn,'Next Generation Bomber Survives Budget Tightening', *Defense Tech*, 22 April 2013, http://defensetech.org/2013/04/22/next-generationbomber-survives-budget-tightening/. 二〇一二年初頭、パネッタ国防長官は、海上発射型通常弾頭弾道ミサイル開発計画について公表した。以下を参照のこと。DoD, 'Defense Budget Priorities and Choices,' January 2012, p. 5, http://www.defense.gov/news/Defense_Budget_Priorities.pdf. この計画の予算措置についても疑義がある。Grossman,'Pentagon, Lawmakers Deal Blows to Navy Fast-Strike Missile Effort'. 地上発射型中距離弾道ミサイルの配備に関しては、ロシアとのＩＮＦ条約の廃棄若しくは再調整が必要となる。グローバル・ストライク計画のオプションに関しては以下を参照のこと。Amy F. Woolf,

*Conventional Prompt Global Strike and Long-Range Ballistic Missiles: Background and Issues* (Washington DC: Congressional Research Service, 2013).

＊48 この脅威を煽り、中国に非対称なコストを賦課する一つの方法は、中国の目標に対し、東側だけでなく、多方向から攻撃できることを見せつけることである。これは、長射程巡航ミサイルでも、有人爆撃でも可能である。

＊49 **ASBO, 'Air-Sea Battle', p. i.**

＊50 エアシー・バトルに対する豪州の反応についてはシアー（Benjamin Schreer）の研究がある。Planning the Unthinkable War: *'AirSea Battle' and Its Implications for Australia* (Canberra: Australian Strategic Policy Institute, 2013). エアシー・バトル関連の日本の役割については以下を参照のこと。Sugio Takahashi, 'Counter A2/AD in Japan-U.S. Defense Cooperation: Toward "Allied Air-Sea Battle"', Project 2049 Institute, Washington DC, http://project2049.net/documents/counter_a2ad_defense_cooperation_takahashi.pdf. 韓国の見方については、例えば以下を参照のこと。'Korea-US alliance faces next crucial shift', *Korea Herald*, 21 August 2013,http://www.koreaherald.com/view.php?ud=20130821000752.

＊51 グリナートとウェルシュが論文を記述した時点では、中国のC２ネットワークに対する現在計画中のシステムによる力学的攻撃は困難であることを認めていたと思われる。「敵C４ISRシステムは妨害に脆弱であるのと思われるので、奥地深くの軍事施設への攻撃は不要である。」'Greenert and Welsh, 'Breaking the Kill Chain'.

＊52 **John A. Tirpak, 'Fighting for Access', *Air Force Magazine*, July 2013, p. 25.**

＊53 最近のCRSレポートによれば「国防省は数十年にわたる高エネルギー軍事用レーザー開発により、

数年以内にマイル単位の射程を有し、対空、対水上能力のあるレーザー兵器を海軍の水上艦艇に装備可能だとしている。より強力な最大射程一〇マイルに達する対空、対水上レーザーについてもあと数年で艦艇装備可能とされている。他の武器も含め、これら強力なレーザー兵器は海軍水上艦艇に対し、中国の新型対艦弾道ミサイル（anti-ship ballistic missile: ASBM)を含む弾道ミサイル攻撃に対する終末防御能力を付加するものである。」これらの潜在能力にも係わらず、「海軍は現在の所、量産型艦載レーザー装備の公式計画や特定の艦船への搭載ロードマップも計画していない」Ronald O'Rourke, *Navy Shipboard Lasers for Surface, Air, and Missile Defense: Background and Issues for Congress* (Washington DC: Congressional Research Service, 2013), p. 1.

# 第四章　中国を締め上げる：間接アプローチ

　エアシー・バトルを批判する者たちは、この構想にとって代わり得る軍事戦略を提示してきた。それらはより小さなコストで、かつ核エスカレーションのリスクを増大させることなく、米国とその同盟国にとって受け入れ可能な条件で中国政府に敵対行為を停止するよう強要できる戦略として主張された。これらの提案は、いずれも海空作戦によって経済的・軍事的圧力をかけつつ、中国領土への直接的な攻撃を回避することを狙いとしている。何人かの専門家たちは、最大限の効果を生み出すためには二種類の間接的アプローチを組み合わせるべきだと提案しているが、彼らのうち大多数は、中国の沿岸部直近から始まる海上封鎖と、いわゆる「第一列島線」と呼ばれる地形に沿って実施される海上封鎖という二つのアプローチを明確に区別している*1。

## 遠距離海上封鎖

タイトルのとおり、この戦略では米国と同盟国の海空軍（地上配備型対艦巡航ミサイルによる補強も考えられる）により、遠距離海上封鎖の一環として中国本土から遠く離れたいくつかの「チョークポイント」（海上の要衝）において、中国を仕向地とする海上交通の遮断が試みられる*2。

遠距離海上封鎖の最もシンプルなバリエーションでは、南シナ海の南玄関であるマラッカ海峡、もしくはその東方のインドネシア群島を抜けるロンボク海峡、またはスンダ海峡において、大型タンカーを停船、拿捕し、行先変更させることが焦点となるだろう。

現在、中国はすでに石油の半分以上を輸入に依存しているが、この割合は二〇三〇年までに八〇パーセントを越える可能性がある*3。その大半（二〇一一年時点で輸入量の七八パーセント）は中東とアフリカからのものであり*4、現時点でそれらの多く（二〇一二年時点で輸入量の八〇パーセント）はマラッカ海峡を経由して中国に運ばれている*5。中国の輸入依存度が高まるにつれ、ごく限られた重要なチョークポイントを封鎖することは、中国の海上輸送される石油へのアクセスを、速やかに、かつ劇的に制約することを意味する。これは経済、社会的安定、そして戦争遂行能力といった面において、中国を広範かつ深刻に窮乏させることを狙ったものだ。その効果は即効性に欠けるとしても、長期的な海上封鎖は、中国政府にコストの増大を強要し、やがては和平を請う方向に中国を仕向けることとなるだろう。

遠距離海上封鎖の支持者たちは、これを第一次世界大戦における英国海軍の行動と比較している。英国は海軍力をもって決戦に打って出るよりも、ドイツ艦隊を封鎖する上で有利な沖合

図3　中国のエネルギー輸入ルートと、チョークポイントの候補

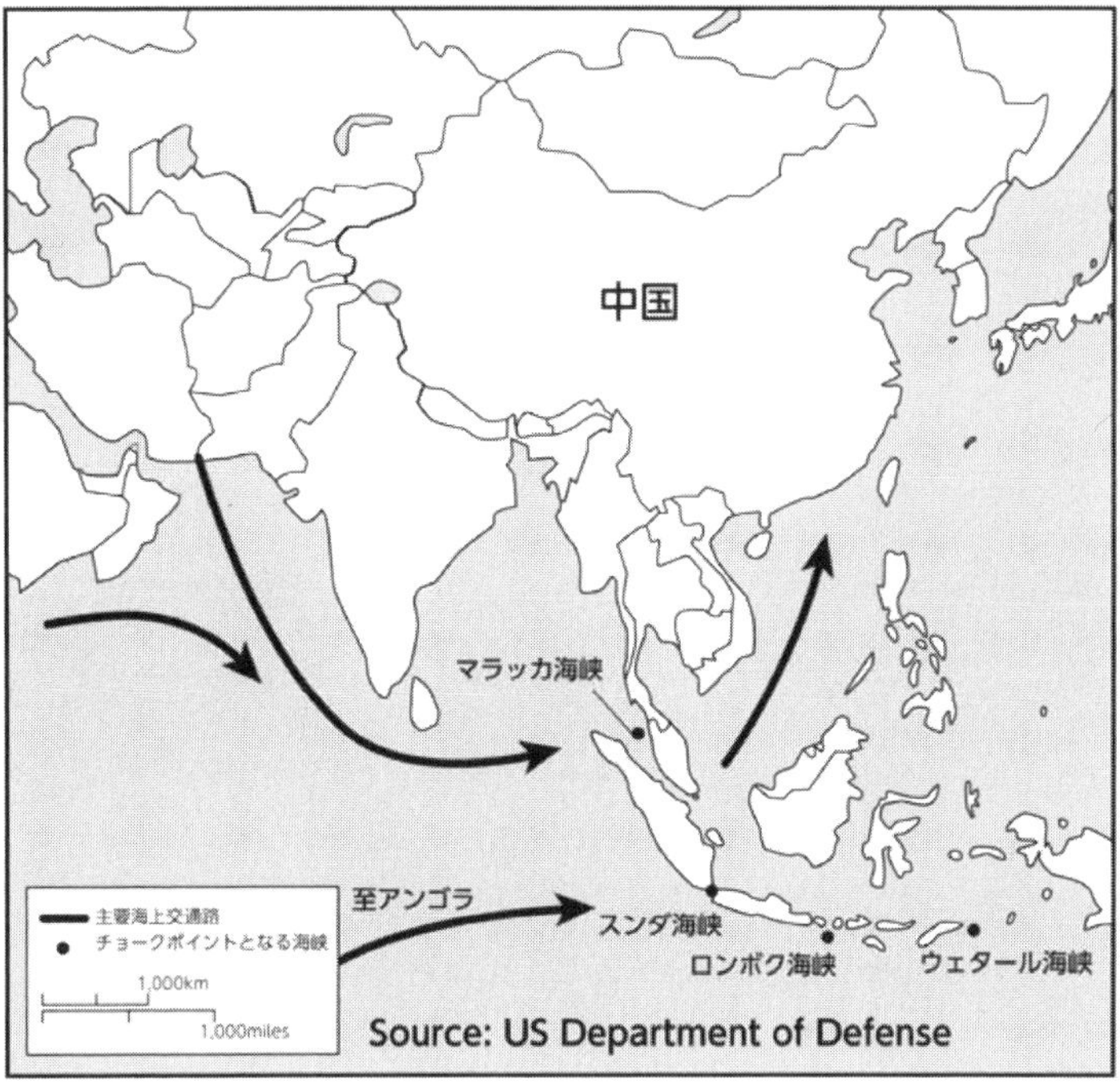

の地理的位置を利用し、大陸にあるドイツの海外貿易へのアクセスを奪い、最終的に敗北へと導くことを狙っていた。同様に、現在の米国とその同盟国は、敵の「アクセス阻止・エリア拒否」能力圏内へ直接向かうのではなく、中国軍の行動圏の外に留まったまま、徐々に相手を経済的に窒息させることを狙っているのだ。

敵に対して厳しい圧迫を課する一方で、遠距離からのエネルギー封鎖は、中国本土への直接攻撃を要するものではなく、また容易にその効果を取り消せる利点もある。これらの要因から、この戦略はエアシー・バトルが描く、広域にわたる通常戦力による打撃よりも、中国人の人命に関わるコストを低減して永続的な被害を局限するため、事態のエスカレーションに至る可能性が低い。ダグラス・ペイファー（Douglas Peifer）の言葉を借りるならば、遠距離海上封鎖とは「米国の強さと中国の弱さを利用した、実行可能で低コストの戦略」なのである*6。

## 遠距離海上封鎖に対する評価

### 戦闘行動

少なくとも当面の間、中国が直接的な軍事力によって遠距離海上封鎖に対抗することは極めて困難であるということは、海上封鎖に対する批判者ですら認めざるを得ない事実だ。たとえば主なチョークポイントは、中国が現在保有する地上配備型弾道ミサイルの射程、あるいは航空機、潜水艦あるいは水上艦艇の有効な行動範囲のぎりぎりか、その外にある。中国側が海上封鎖を攪乱、あるいは打破するための兵力を送ろうとしても、それらは米国側に探知され、追尾され、望むエリアに到達するはるか前に破壊される公算が高い＊7。

効果的な海上封鎖の主な障害となるものとは、純軍事的なものではなく、むしろロジスティクス、外交、あるいは法的なものである。この問題に関するゲイブリエル・コリンズ（Gabriel Collins）とウィリアム・マーレー（William Murray）の調査によると、米国と同盟国の軍隊は、積荷伝票を確認するために数百に及ぶタンカーを停船させて乗船し、最終仕向地を決定しなければならないことになる＊8。明らかに中国向けの船舶は、他の港、もしくは中間回航エリアに送られるが、協力を拒んだ船舶は拿捕されて、適切に訓練された「回航要員」が乗り込むことになるだろう。事態をさらに複雑にする要素として、実際に中国の旗を掲げた船舶などほとんどなくなってしまうことや、加えて中には完全に偽るか、あるいは読み手を誤解させるような偽造書類を提出する船舶もあるだろう。ひとたびチョークポイントを通過すれば、一部のタンカーは単純に針路を変えたり、積荷を第三国の港経由で積み替えるなどして、別の船で中国へと届けようとするであろう。これらの事態を防ごうとすると、米国と同盟国は他の中立国、おそらくは米国側に友好的な国の政府との間にすらも深刻な緊張状態を生じ、米国との間で目指すべきゴールが共有されていない場合は、これらの政府は海上通商に対する米国の干渉に抗議してくる可能性が高い＊9。

コリンズとマーレーは遠距離海上封鎖を実行するため、少なくとも一六隻の水上艦艇、四隻の補給艦と、隻数ははっきりしないがこれらの初期兵力と交代するための艦艇、加えて予期される中国軍の攻撃に対する防御兵力として、水上艦艇、潜水艦ならびに航空機がさらに必要となると見積もっている*10。差し迫った財政削減によって艦隊の規模が縮小された場合ですら、このような艦隊を機動運用することは、米海軍の能力を大きく超えることにはならないであろう。一方で同盟国海軍に支援された、他の比較的軽武装の艦船（おそらく前方展開する沿岸警備隊の巡視船を含む）が船舶の捕捉・乗船検査にあたるとすれば、艦隊への負担をさらに軽減することが可能である。

海上封鎖が中国の意思決定と戦争遂行能力に決定的な影響を及ぼし、米国の意思を成功裏に強要できると仮定した場合、望む成果を挙げるための期間は、経済・軍事・社会の一連の要素次第で変わる。すなわち、中国の戦略的燃料備蓄、中国政府が民間需要を制限する能力、軍事作戦遂行に際し消費する燃料の量、海上のチョークポイントを迂回して中国に輸送される陸上ガス・石油パイプラインの能力と安全性、といったものである。加えて、米国がサイバーなどの非力学的《ノンキネティック》あるいは隠密裏の手段をもって中国のエネルギーインフラの一部を遮断するか、中国国民がおそらくは長期に及ぶ経済的苦境にどのように反応するか、ということも影響する。

これらの要素のうち、いくつかは他のものよりも容易に予測できる。二〇〇六年に公表されたある研究では、海上封鎖は期間中の中国の石油消費量のうちの三分の一をカットし、「年間国内総生産（GDP）成長を八パーセント減少」させ、中国経済に「停滞」をもたらすことができると見積もっている。とはいえこの研究の著者は、これらの研究結果が不正確であるかもしれないことや、禁輸の及ぼす短期的影響が誇張されている可能性を認めている。というのも、中国経済が戦時体制に移行した場合、原油価格とエネルギー消費の間にある順応作用が、全く予期せぬ方向に変化するかもしれないからである*11。一方でシーン・ミルスキー（Sean Mirski）は同様の分析モデルに基づき、より最近のデータを使用しながら、中国の原油輸入が完全に遮断された場合、中国の国内総生産は一二・五パーセント収縮する、と結論づけている*12。

最終的な影響力がどのようなものであれ、遠距離海上封鎖は、成果が出るまでに長期間を要する。その過程で同時並行的に他の攻勢作戦を実施しなければ、米国は中国軍を弱体化させることも、初期攻撃において中国軍が獲得した地理・立場からも、彼らを追い出すことはできないだろう。第一次世界大戦におけるドイツに対する英国の海上封鎖、そして第二次世界大戦における日本の海上交通に対する米国の海上作戦は、ともに最終的な勝利に貢献したが、あくまでそれは数年間にわたって地上と空において加えられた、恐るべきダメージとの組み合わせによって初めて成立したのである。

遠距離海上封鎖の大きなセールスポイントは、中国本土に対する航空攻撃に比べ、事態のエスカレーションを発生させる公算が低いということである。一方で海上封鎖は、船舶の撃沈や人身の殺傷を一義的に含んでいるわけではないとはいえ、まぎれもなく戦争行為の一つであることも確かであり、中国が強力な反応を引き起こさないはずだと期待するのは軽率であろう。ひとたび明白な戦争状態に入った後のエスカレーションの可能性に関して言えば、紛争の初期フェーズにおける海上禁輸は、中国の統治機構の生存に与える脅威が相対的に低いために、中国軍の指揮統制ネットワークに対する直接的な攻撃に比べて、中国の過激な反応を引き起こす可能性も低くなるのは間違いない。とはいえ、エネルギー海上封鎖が成果を挙げることによって、中国の政治指導者たちはより自暴自棄な立場に追いやられることになるし、実際のところ、それが海上封鎖の目的とするところなのである。経済的圧迫の高まりと、国内政情不安の恐れが、中国政府を譲歩と平和へと向かわせる可能性もあるが、一方でより攻撃的でエスカレートした反応を引き起こす可能性も同様に存在するのである。

## 抑止

中国の計画立案者や戦略家たちが遠距離海上封鎖の可能性について憂慮しているのは間違いなく、それを証明する十分な証拠も存在する。伝えられるところによれば、胡錦濤《こきんとう》前国家主席は、二〇〇三年の中央経済工作会議（economic work conference）において「マラッカ・ディレンマ」に言及し、その後に、海上封鎖の本質、問題の影響範囲ならびに可能な解決策に関する一連の記事と声明がこれに続いて発表された*13。これらの記事と声明には様々な意見が含まれているが、ある最近の調査では「学識者、政策アナリスト、軍人といった広範多岐にわたる中国の専門家たちは、米国が中国の海上エネルギー輸送路を思うがまま切断することが可能であり、危機に際してこの選択肢を採用する公算が高い、と信じている」と結論づけている*14。それら彼らの見解のうちいくらかは、中国にとっての潜在的危険性を誇張しているにすぎない。それらは単に、人民解放軍海軍のさらなる予算獲得やインフラ整備の契約を勝ち取ろうといった、偏狭な関心事によって動機づけられているのであろう。それでもなお、このトピックスに関する様々な情報源に基づく多くの説明は、海上封鎖が中国の国家指導者にとって深刻な懸念であることを示している。この印象は、胡前主席のスピーチから一〇年間、中国企業が港湾とパイプライン整備について熟考し、事業を開始し、拡大してきたことや、その一義的な理論的根拠がマラッカ海峡を迂回する能力を獲得することに置かれているように思われるという事実によって、さらに強められている*15。

遠距離海上封鎖の脅威が中国政府による軍事力の行使を抑止するのかどうかということは、特定の危機において何が問題となるのかに左右されるだろう。さらにそれは、中国の指導者たちが、米国政府は海上封鎖を実施し、維持する意図を抱き、かつ実行可能であるのかどうかということを信じるのかどうか、そして中国がそこから予想される短期ならびに長期の経済・軍事・社会的影響をどのように見積もるのか、ということにもかかってくる。中国の指導者たちは、これまで海上封鎖のインパクトについて十分に憂慮し、これに予防線を張るために相当な投資を実施してきた。長期化する紛争において、海上エネルギー輸入へのアクセスを喪失することは中国に致命的な影響を及ぼす。しかしこのことは、戦争の瀬戸際において遠距離海上封鎖の脅しが必ずしも中国を抑止するのに十分であることを意味するわけではない。

あるいは中国の計画立案者たちは、パイプラインに対する投資（おそらくそれは中国本土近傍の東シナ海・南シナ海における、エネルギー資源開発と連動している）によって、海上封鎖の問題は解決したか、少なくとも緩和したと評価しているのかもしれない*16。仮に彼らは米国が海上封鎖を実施すると確信していても、「他国への外交的圧力、海上封鎖が中国人民に課す困窮を喧伝するという情報戦、さらには国際法や国際機関へのアピールといった一連の手段を通じて海上封鎖の効果を損なうことができる」という自信を抱いている可能性もある。最後に中国の政治指導者たちは、米国が彼らを打倒するために必要な全軍事力を集中する前に、「中国軍は迅速で決定的な勝利をおさめ、既成事実を押し付けることができる」という人民解放軍の指揮官達の確約を受け入れる可能性があることも指摘しておきたい。

## 長期的競争

米国の海軍力によりもたらされる中国のエネルギー供給に対する脅威は、二つの意味で存在しているように思われる。第一に、それが現在の戦略環境において不可避の事態であることだ。第二に、もし海上封鎖が実行された場合、中国共産党政権の敗北と崩壊をもたらす可能性があるというものである。したがって中国は、この事態を回避するか、少なくとも大幅に緩和するために、現状の脆弱性を改善するよう全力を尽くす必要がある。このことは米中間の長期的競争に対して重要な示唆をもたらすだろう。

関係中国企業が抱く動機と資金調達について、それらに関する透明性が常に担保されているわけではないが、パイプライン事業の多くは、過去一〇年間で中国国内の国境周縁部に立ち上げられており、それは経済的根拠のみならず、戦略的合理性も有している。同様に、中国企業はバングラデシュ・パキスタン・スリランカ・モルディブを含む、インド洋周縁部に沿って港湾ならびにその他の施設を建設しているが、それらは商業的価値に加え、マラッカ海峡からペルシャ湾の入り口であるホルムズ海峡へと広がる、海上交通路を防護する中国の能力向上に向けた、長期的な努力の一環である可能性がある。「アフリカの角」近傍において中国海軍が参加する海賊掃討作戦や、リビアからの中国国民の避退活動における役割、また最近、ある無遠慮な中国海軍提督によって出された「中国は海外基地へのアクセスを探求すべきである」というコメントは、(中国の海上交通路確保という) 全てほぼ同じ方向を示唆しているのである*17。

このように、中国政府のエネルギー安全保障に関する憂慮は、さもなければ他の方向に振り向けられていたはずの資源《リソース》の消費を中国に課している。投資された資金の大半は民間事業に向けられており、国防計画に及ぼす影響はこれまでのところ小さい。死活的に重要な海上交通路を守るチャンスを得るためには、中国は最終的に現在よりもはるかに多額の投資を行う必要があり、それは軍事予算の規模と構造に対して広範にわたる影響を及ぼす可能性がある。開発可能なエネルギー鉱床の場所と輸送ルートを大改革しないかぎり、中国に残された唯一の選択肢は、永続的な脆弱性と共に生きていくことを学ぶことであり、これは中国のような向上心にあふれたグローバル・パワーを目指す国家にとっては、明らかに魅力に欠ける展望である*18。

下記は、ある中国人の専門家の言葉である。

海外との交易で繁栄を築いた大国は、自らの外洋商船隊の安全を他国の手に委ねることができない。そのようなことは、自身のノド元を他人の短剣の下に置き、血管の位置を赤インクで示すことと同義である*[19]。

さしあたり、中国の海軍力の開発は、地上配備の航空戦力ならびにミサイル戦力の開発と共に、一義的には中国近海（中国沿岸と第一列島線の間の海域）に対する敵のアクセスを拒否することを指向している。とはいえ、遠距離海上封鎖の脅威から自由になりたいのであれば、中国は長期的には従来とは異なる新たな能力、おそらくはグローバル展開可能な大型空母、原子力潜水艦、航空機及びミサイル攻撃から身を守れる水上戦闘艦艇、洋上補給及び給油のための補給艦艇の小艦隊といった能力を発展させなければならない。これは米海軍にも当てはまるのだが、中国海軍が本国から遠く離れた地において大規模な戦力を持続的に展開させる能力は、修理及び武器弾薬ならびに燃料補給が可能な、現地の基地施設へのアクセスに左右されるであろう*[20]。

これらは全て、時間と膨大な経費を要するものだ。今後数十年間で中国の経済発展が鈍化しはじめることから、大幅に拡張された海軍力を追求することは、軍事予算の国内総生産（GDP）におけるシェアを拡大させ、任務と予算の配分を巡る、軍種間の対立を激化させるだろう。米国とその同盟国が、中国が真の「ブルー・ウォーター・ネイビー」（世界中の外洋で作戦できる海軍）を建設するという試みを恐れるべきか、それとも歓迎すべきかについては、たしかに議論の余地がある。もしこの試みが成功すれば、中国政府は米国の影響力と国益に挑戦しつつ、真にグローバルな規模で影響力を行使して国益を守ることが最終的には可能となるだろう。とはいえ、このような活動のいずれかを効果的に実施できるようになるまでには長期間を要し、その間中国は、自国近傍に展開される（訳注：アクセス阻止・エリア拒否の）システムよりもさほど脅威を及ぼさないシステムに限られた資源を費やすことになるし、それらは米国と同盟国の既存の武器に対して極めて脆弱なものであろう。それと同時に、中国は空母からの航空打撃力の投射や外洋における広域対潜戦（ＡＳＷ）といった、他国が何世代にもわたって完成させてきたような複雑な任務遂行能力を発展させることにも尽力する必要がある。

米海軍はその規模や能力、展開パターンのおかげで、中国にエネルギーを供給する海上交通路に対して脅威を与えることができる。よって米国政府が、「米国は決して中国の潜在的な脆弱性に乗じることを試みない」と中国政府に納得させることは、もし望んだとしても不可能であろう。中国の弱点につけ込むことは、「包囲される」という中国の懸念に根拠を与えることになり、より攻撃的な姿勢を引き起こすかもしれないが、それでもなお中国の長期的な軍事力の発展に及ぼしうる影響を考慮すれば、米国の計画立案者たちは、逆に中国のエネルギー安全保障に潜在する不安を、黙って利用することを追求するはずである。このような米国の方策には、禁輸シナリオに特化したウォーゲーム（図上演習）、同盟国との統合演習、艦船、航空機あるいはミサイルといった、海上封鎖に使用するアセットの前方展開も含まれるだろう。

## 再保証

アジアにおける米国の同盟国は、中国の攻撃を抑止あるいは打倒するための遠距離海上封鎖戦略によって、本当に再保証されるのであろうか？

遠距離海上封鎖は、海洋安全保障の強化に関する議論の衣をまとうことで、軍の態勢変更を伴わずに準備でき、あるいは中国本土攻撃のための計画へのあからさまな参加を求められることもないので、このようなアプローチは外国政府の神経質な政策立案者の何人かにはアピールできるのかもしれない。しかしながら第一列島線の周辺であれ内側であれ、中国との最前線にいる者にとっては、海上封鎖は魅力的なものとは映らないだろう。例えば日本や台湾、そしてフィリピンの視点から見て、中国の侵略に対して遠距離海上封鎖をもって対抗することは、彼らの国益を守り、領土を保全するためには不十分だという懸念が出てくるからだ。もしも中国が台湾を征服したり、あるいは東シナ海の係争地域である島嶼《とうしょ》を占拠し、それらを防衛するために立てこもってしまった場合、この戦略は短期的には中国が得たものを吐き出させるのにほとんど効果がないからだ*[21]。

中国から距離をとって海上封鎖を実行することは、彼らの裏庭（第一列島線内）において中国に挑戦する場合に比べて、純軍事的には理にかなっているのかもしれない。しかし、もしも米国が中国近海の制海《シーコントロール》を中国に喜んで譲り渡すように見えた場合、その振る舞いは他国にとって「米国の弱さの現れ」と映り、おそらくは友好国の長期的安全保障に対するコミットメントの欠如として解釈されかねない。もし中国が米国を西太平洋から追い出すことが可能であれば、この地域における圧倒的なパワーとしての米国の余命はいくばくもないということになり、中国がその地位にとってかわることになるだろう。さらに具体的に言えば、米海軍が単に外縁部に沿って守勢を取る以上の態勢を準備できなければ、第一列島線内の海域を行き来する中立国や同盟国の海上交通は、中国の意のままに妨害される可能性も出てくるのだ。

## 遠距離海上封鎖の含意

遠距離海上封鎖はその大半の過程において、現存する兵力で実行可能である。たとえ「南シナ海への主要航路を封鎖するために同時に必要とされる艦船はたったの一六隻である」というコリンズとマーレーの見積もりが過小評価であるにしても、この見積もりはそれほど大きく外れてはいない。さらに遠距離海上封鎖を強要する際に必要な武器は、現在の戦力組成の中で最も高価なものでも、あるいは最も能力の高いものである必要もない。なぜならばそれらは、中国の「アクセス阻止・エリア拒否」システムの射程外で運用されるので、米国とその同盟国は、比較的軽武装で軽防御な艦船、航空機に頼ることができるからである。ミルスキーは、「米海軍が近年取得した最新のアセットは、開発過程でトラブルに見舞われてきたが、海上封鎖にはうってつけである」と述べている。この点においては「極めて評判の悪い」沿岸戦闘艦（LCS）ですら有用なのである*22。どのような真意が背後にあるにせよ、これら沿岸戦闘艦数隻をマラッカ海峡の入り口であるシンガポールに配備するという決定は、米国が中国のエネルギー供給を脅かす位置にいることを中国政府に思い起こさせずにはいられない。

遠距離海上封鎖戦略を本気で実行するのであれば、次に示す装備への予算配分が増すことになる。すなわち、比較的軽武装・軽防御の水上艦艇、相対的に安価な空中・地上・水上発射型対艦巡航ミサイル、哨戒機、商船の識別・追尾に必要な各種装備、海上における禁輸と船舶検査活動に向けた訓練、そして同盟国間でより高度な状況把握とより迅速な情報交換を可能とする指揮統制等（C４ＩＳＲ）システムといったものである。それでもなお、ここで検討されるコンセプトの中では、遠距離海上封鎖が兵力配備と国防予算に対する影響が最も少ない構想なのである。

## 海洋拒否戦略

進展する中国の「アクセス阻止・エリア拒否」能力に対する三つ目の実行可能な対応も、中国本土への直接攻撃を避けるという観点から見れば「間接的」といえるが、遠距離海上封鎖の作戦と比較すると、かなり攻撃的なものである。このアイデアのいくつかのバリエーションが「海洋限定戦争」、「オフショア・コントロール」あるいは「相互に拒否された戦場空間」のように、いろいろな名前で提起されてきた。これらのうち、おそらくオーストラリア国立大学のラウル・ハインリッヒ（Raoul Heinrichs）が示した「海洋拒否」が、おそらく最も適切な用語であろう＊23。

海洋拒否戦略は、遠距離海上封鎖作戦の終止点から開始されるだろう。米国と同盟国軍は、遠隔地にあるいくつかのチョークポイントを通航する原油タンカーの流れを統制することに加え、中国近海全域で中国海軍艦艇及び商船を撃沈し、攻勢に出る。小型・高速かつ対艦巡航ミサイルで武装した水上艦艇は、第一列島線に沿って設置された沿岸陣地から発射されたミサイルと共に、中国沿岸部への主要アプローチのいくつかを封鎖するための支援ができるだろう*24。第一列島線内では、このような作戦の大部分は潜水艦、さらには先進的な機雷、水中無人艇（UUV）を含む、その他の水中アセットに割り当てられるはずだ。この方策によって、航空機と水上艦艇を主な対象とする中国の「アクセス阻止・エリア拒否」ネットワークの大半を効果的に回避し、米国と同盟国が決定的な優位を維持する、水中領域での戦闘に移行できるようになる。

海洋拒否作戦の作戦目標とは、ジェフリー・クライン（Jeffery Kline）とウェイン・ヒューズ（Wayne Hughes）の描いた「第一列島線内に海洋の無人地帯（no-man's-land）」を作り出すことであろう*25。ペルシャ湾から運ばれるエネルギーが（海上封鎖によって）奪われることに加え、中国はロシアからの海上輸送を含む、海外の原油・天然ガスへのアクセスが遮断されることとなる。実際のところ、中国は沿岸部の海上交通や海外市場への輸出といった、あらゆる目的における海洋利用の能力を喪失することになるだろう。中国は国内総生産のうち五〇％以上を輸出入に依存しており*26、また海外貿易の八五％は海上を経由しているため、海洋拒否作戦の中国経済に対する影響は、遠距離エネルギー海上封鎖よりも速やかに、そして大規模にあらわれると考えられる*27。

経済的な効果と並行して、海洋拒否は中国の軍事力投射に向けた努力を阻害することとなる。台湾に上陸し、あるいは係争中の島嶼《とうしょ》を占領した人民解放軍は、海洋拒否作戦により自分たちが海上補給路や増援部隊から切り離されたことを思い知るはずだ。もし中国の水上艦艇への攻撃に加え、同盟国軍が中国の潜水艦との戦いに成功をおさめることができれば、少なくとも近海の一部を味方の海上交通に開放することができるかもしれない。琉球列島の小さな島々、フィリピン群島の一部、さらには韓国沿岸に配備された対艦ミサイルと水中監視システムを組み合わせることにより、攻勢的な対潜水艦戦は、中国海軍の水上艦艇ならびに潜水艦が第一列島線を突破し、西太平洋の広大な海域へと打って出ることを、極めて困難なものとするはずだ＊28。中国軍の弱体化、そして生き残った中国軍の作戦範囲の限定は、日本や韓国に向かう友好国の海上交通の安全性を高め、中国経済が停滞する一方で、日本や韓国が経済活動を維持することを可能にするのである。

## 海洋拒否に対する評価

### 戦闘行動

海洋拒否戦略は、遠距離海上封鎖と同じ手法に基づいて評価されなければならない。まず米軍ならびに同盟国軍は、割り当てられた任務を本当に遂行可能なのであろうか？　第二に、もし任務を遂行できたとして、そのことは戦争遂行にどのようなインパクトを与えるのか？　そして第三に、そのような戦略の実行は、核へのエスカレーションを引き起こす可能性をどのくらい有するのだろうか？

第一の疑問に対する回答は、さらに二つに分類される。まず米軍と同盟国軍は、中国の水上艦艇による中国近海の利用を拒否できるのか？　次に効果的に中国潜水艦を排除できるのか？　というものだ。中国海軍は、自軍の艦艇と商船を水中の脅威から防護するにあたり、重大な障害に直面するだろう。複雑な海底地形から乱反射した虚探知は、アクティブソナーシステムを過負荷状態とし、潜水艦の存在を隠してしまうので、中国の海岸線に沿った浅海域は、潜水艦を「見つけようとする側」よりも「隠れる側」に有利となる。この問題をさらに難しくしているのは、中国海軍は対潜戦に関して実戦経験がなく、加えてつい最近まで対潜戦に必要な能力への投資をほとんど行ってこなかった、という事実である*29。

さしあたり、少なくとも米軍の潜水艦は、中国近海において比較的安全に作戦行動を行うことが可能である。中国の海上交通を分断し、海軍艦艇を撃沈する米海軍潜水艦の作戦遂行能力を制限する主要要因とは、投入可能な潜水艦の隻数、そして予想される中国の第一撃によってもたらされる兵站上と通信上の損害となるであろう。米国は前方展開された施設のいくつかの損失を、西太平洋全域に分散された応急的な基地の使用や洋上補給で埋め合わせ、そしておそらくは高周波無線通信をもって損傷した衛星と地上基地に代替させると考えられるが、そのような状況下では、潜水艦の有用性は決定的な重要性を持つはずだ。

現在米海軍は、魚雷と対艦巡航ミサイルを搭載した五五隻の攻撃型原子力潜水艦を保有しているが、今後一〇年間でその数は四三隻まで減少するかもしれない*30。これら全ての潜水艦が西太平洋に投入可能というわけではなく、また何隻かは対地攻撃用巡航ミサイルの搭載量を増加する改修が予定され、結果として対艦兵器の搭載量は減少することとなる。それらを除き、残った米潜水艦の開戦直後における最重要任務は、敵水上艦艇に対する攻撃ではなく、敵潜水艦の位置を局限し、撃沈することになるだろう。

同盟国がこの作戦に参加することを選択した場合には、相当の兵力を水中作戦に積み増すことができる。日本は一六隻の攻撃型潜水艦を有するが、その兵力は今後数年間で二二隻まで増加する予定である*31。韓国は現在一二隻を保有し、さらに六隻を建造する計画がある*32。オーストラリアは現在六隻保有しているが、今後一五年間で一二隻の新型艦に更新する計画があり、それらは行動半径が延伸され、海洋拒否作戦に参加することが可能となる*33。同盟諸国の地理的位置にもよるが、空中・海上・地上発射型の長距離対艦巡航ミサイルをもって、中国の「アクセス阻止・エリア拒否」圏の周縁部から攻撃することもできるだろう。

米国と同盟国は、中国の水上艦艇が中国近海において行動する自由を拒否することが可能であるが、これは自軍の水上艦艇にそのような自由を保証することを必ずしも意味するわけではない。米側の攻撃を免れているかぎり、中国の「アクセス阻止・エリア拒否」ネットワークの地上部分は機能し続け、その射程内に進入する米側の航空機と水上艦艇も脆弱であり続けるが、これには対潜戦を行うための航空機も含まれるであろう。米国と同盟国の潜水艦の位置を突き止めようとする中国の努力を困難にする物理的要素が、同様に中国に対して自らの潜水艦を防護する手段を提供することになる。中国海軍はより新しく、静粛なディーゼル潜水艦を増強しているために、この問題はより深刻化する。これらの理由から、オーウェン・コート（Owen

Cote）は今後、米国、中国ともに「中国沿岸部において強力な対潜戦能力」を発揮することはできず、したがって「どちらも海上の商業的・軍事的利用のいずれの自由も確立できない、『制海を巡る競争（contested command）』ゾーンが形成されることとなるだろう」と結論づけている＊34。

同様に、ヒューズは海洋拒否作戦の当面の目標を「緒戦において、双方とも海上における作戦を安全に実施できない海域を形成すること」に置くべきであるとしているが、彼はこの状況が過渡的な段階にすぎない、と明快に論じている＊35。ヒューズはどのようにして（特に中国本土の目標への攻撃を実施することなく）このような状況を作為するのか詳細について明らかにしていないが、別の箇所で、米軍と同盟国軍は「東アジア諸国への安全な海上交通路」を保護しながら、最終的に中国の攻撃型潜水艦を捕捉追尾・全滅させるべきである、とも論じている＊36。

海洋拒否戦略の支持者たちは、急激に事態がエスカレートするという受容しがたいリスクを回避しつつ、中国に対し迅速かつ劇的な圧力を加えることができるはずだと主張する。エネルギー輸送に的を絞った、より限定的な海上封鎖と同様に、中国にとって海洋へのアクセスを完全に喪失することの効果は、現時点では推測と断定の域を出ない事柄である。海洋拒否を「最終的な勝利をもたらす武器」であり、中国政府を速やかに屈服させられると仮定することは、全くもって危険である。共産党政権は国家戦時体制を敷き、間違いなく物資の欠乏に対応する方策を見出し、障壁を迂回するであろう。それでもなお、中国の原料、食糧、エネルギーについての増大する輸入依存度や、国家の繁栄を輸出に依存している環境を考慮すれば、その混乱は極めて深刻で、時間の経過とともに悪化するはずだ。

エスカレーションのリスクに関して言えば、「海洋拒否」はおそらく「エアシー・バトル」と「遠距離海上封鎖」の間のどこかに落ち着くことになる。「海上封鎖」と比較した場合、「海洋拒否」はたとえそれが中国本土に対するものでないとしても、中国の人民とその財産に対して即効性があり、かつ暴力的な行動を包含している。しかしながら艦船を洋上で撃沈すること、そして港湾に機雷を敷設することですら、直ちに第一撃を無力化するための手始めとしてミサイルや指揮所に攻撃を加えることほど「政権の存続を脅かすもの」とはみなされないであろう。そうは言っても、このようなアプローチが「本質的にエスカレーションを抑制する」といった主張は、あまりにも楽観的に過ぎると言える*37。米国を一撃で打倒しようとして渾身の一撃を放ったとしても、中国の指導者たちは、長期化し、自らを衰弱させるような闘争に直面していることに気付くからだ。和平交渉による解決が最も賢明な手法に思えるが、世論は激高し、指導者たちの政治的キャリア（そしておそらくは政権の存続）が危機に瀕するため、彼らは最終的な勝利への追求をさらに進めようとする強烈な圧力に直面することになるだろう。

## 抑止

中国の戦略家や政策立案者は、海からの脅威と海からの出入り口を守ることとの重要性について、抽象的に話すことが多い*38。マイケル・ピルズベリー（Michael Pillsbury）は、エネルギーと「マラッカ・ディレンマ」のような具体的な懸念に加えて、中国の計画立案者たちは

「第一列島線に沿った全面的な海上封鎖、そして自らの海洋権益内における資源へのアクセスを失う可能性について憂慮している」と述べている。とはいえ、彼らはこうした種々のリスクについて明確に区別しているわけではない*39。「遠距離海上封鎖」ならびに「エアシー・バトル」と比較して、「海洋拒否」のもたらす脅威が相対的にどの程度抑止の効果をもたらすのかは、あくまで憶測の域を出ないからだ。これらの可能性のうちのどれが、西太平洋中に分散した米軍と基地に対して通常戦力による第一撃を熟考している中国の意思決定者たちを制止する公算が高いのだろうか？

もしも人民解放軍の計画立案者たちが、米国が地域的な「防火帯」を尊重するか、もしくは事態のエスカレーションを恐れて抑制的になる、と信じているのであれば、「米国は洋上に展開する米軍（そしておそらくは在外米軍基地）に対する攻撃に、中国本土に対する報復攻撃で反応しないだろう」と思い込む可能性は高い。それに比べて、中国海軍の海上戦力に対する米軍の反撃は、よりつり合いがとれ、リスクが少なく、ゆえに妥当なものであると思われるかもしれない。したがって、そのような攻撃を実行するという脅しをかけることが、より効果的な抑止となる可能性は高い。

中国の意思決定者たちは、海洋拒否作戦の短期的なコストについて、「おそらく、遠距離海上封鎖よりも高いが、中国本土の目標に対する通常戦力による精密攻撃の雨に比べればそのコストは低い」と見積もるであろう。仮に戦争が予期せぬタイミングで始まった場合、米軍と同盟国軍が配置につき、中国近海の艦船ならびに商業船舶の排除を開始するまでには数週間を要するかもしれない。このような作戦の効果は累積的であり、中国側が「参った」と感じるまでにはさらに時間を要するであろう。中国政府を迅速に盲目化し部分的に無力化するという脅しよりもむしろ、徐々に苦痛を加えるという予測によって、「海洋拒否」は中国政権に立ち向かうことになる。中国の計画立案者たちは「遠距離海上封鎖を乗り切ることは可能である」と見積もるか、あるいは「様々な手段を用いて相殺することが可能である」と考えるかもしれない。しかし彼らが海外貿易の完全な停止に対処できるだけの計画を見出すことはさらに難しいだろう。仮に彼らが「米国には海洋拒否戦略を実行するだけの能力と決意がある」と信じても、一方で中国側には速やかに戦争に勝利するだけの確信が持てないのであれば、「海洋拒否戦略」のもたらす脅威は非常に強力なものとなる。

## 長期的競争

「海洋拒否戦略」は、中国の弱点に対して米国と同盟国側の強点を指向し、中国に対し「海から包囲されて攻撃される」という潜在的な恐怖につけこむとともに、その大部分を完全に防御的な軍事力に対して投資するよう仕向けるものだ。「遠距離海上封鎖」の脅威と同様に、「海洋拒否戦略」は、現時点では中国の経験と専門的技術が極めて限られた戦闘場面へと中国を押し込むことになるかもしれない。逆にその脅威がより差し迫っているように見え、そしてそれに対する潜在的な対応が切迫しているように感じられるため、「海洋拒否戦略」は中国政府に対し、相対的に短期間で決断して行動を起こすように仕向ける可能性が高い。このため、米国と同盟国が「海洋拒否作戦」に対する準備を目に見える形で進めた場合、現在進行する軍拡競争をより先鋭化させる可能性は高い。

ライル・ゴールドスタイン（Lyle Goldstein）の言葉によれば、「高度に組織だって目覚ましい発展を遂げている中国の海軍力にあって、対潜戦は未だアキレス腱」である*40。現在に至るも、中国軍内では対潜戦に高い優先順位が付与されていない。既に表面化した技術・作戦上の問題は、悪名高いと言えるほどに解決が困難であり、とにかく軍備増強の初期段階においては、中国は被攻撃の主な脅威が敵潜水艦からではなく、むしろ航空機及び水上艦艇（とりわけ敵空母）からのものであると認識しているように見える。当然の帰結としてこれらの点は、中国の「アクセス阻止・エリア拒否」ネットワークを発展させる際の焦点となった。中国海軍は当時、潜水艦の攻撃から自らを守るための水上艦艇を、あまり有していなかった。保有していた水上艦艇の大多数は、沿岸部から遠く離れると効果的に運用することはできず、おそらく紛争が生起して武器を発射した後に長期にわたって生存することを期待されていなかったのかもしれない。

ゴールドスタインによれば、今や中国海軍は自身の弱点を認識し、対潜戦能力を強化するために「大がかりな国家的努力が必要となることを理解したように」見えるのだ*41。そのような努力の成果が現実のものとなるかどうかはまだはっきりしないが、中国の水上艦隊の規模と行動範囲の拡大と、近傍の他の国家がさらにより優秀な潜水艦を獲得しつつあるという事実は、この対潜能力の開発の遅れに対する明らかな刺激となっている。空と海上からの脅威に対抗するための「アクセス阻止・エリア拒否」計画の大きな成功は、相対的に水中からの攻撃に対する弱さを際立たせている。「米国と同盟国は、海洋拒否作戦の推進を準備することで、中国の脆弱性を衝こうとしているかもしれない」という予測は、中国が対潜戦領域に大幅な新規投資をする刺激となる可能性がある。

中国は対潜戦に向けて一歩を踏み出し始めているが、その道ははるかに遠い。現時点で中国海軍の持つ、敵潜水艦を探知し、追尾し、撃破する能力は、極めて限定的なものである。一部の報告書は、「東シナ海・南シナ海の沿海部のかなりのエリアに、中国海軍が初歩的な水中音響探知ネットワークを敷設している」ことを示唆している*42。これらの報告書では中国海軍は「潜水艦搭載の曳航ソナーに強い関心を抱いて」おり、対潜魚雷と爆雷を搭載する、対潜戦専用の水上艦艇の建造に注力していることが指摘されている*43。中国は対潜戦任務に適した固定翼航空機ならびにヘリコプターについてはほんの少数しか保有していないが、二〇一一年の終わりに潜水艦を探知するためにデザインされたセンサーを装備した、Y-8哨戒機の新しいバリエーションが明らかになったと報じられている*44。また、おそらく全般的な対潜戦関連技術の不足を補うため、中国海軍は防護されたエリアから敵潜水艦を排除するための、防御的な対潜機雷原について、特に強い関心を示してきた*45。

中国が米国と同盟国の潜水艦による脅威の増大に対応するためには、既述の全てのシステムに加えて、何隻かの中国潜水艦を効果的な対潜戦プラットフォームに転換するための武器システムの構築と訓練に、相当な追加投資を必要とするだろう。より小型で多数建造でき、より探知困難であり、何よりも消耗可能で、機雷敷設、敵艦船攻撃及び潜水艦攻撃に使用可能な米国と同盟国の水中無人艇（ＵＵＶ）は、中国海軍の直面する困難をさらに厳しいものとするだろう。仮に米国がこのような水中無人艇の潜在力を活用しようと決意した場合、中国海軍が既存の脅威に対する対策を講じはじめたとしても、中国側にとってはさらに防御が難しくなるような、新たな脅威に直面することになるからだ。

## 再保証

「海洋拒否作戦」は、攻撃的な意図を伝達するものだと解釈される可能性があるため、そのための準備をしていると見られることは、米国の同盟国の間にいくばくかの不安を引き起こしかねない。他方、潜水艦、哨戒機、対艦ミサイル、無人機、改良された指揮統制システム等の建造・購入など、同盟国は自身の安全保障を高めるため、既にいくつかの手段を講じてきた。これらこそ、まさに「海洋拒否戦略」を実行するために必要なアセットである＊46。中国政府は隣人達のやっていることを好ましく思わないであろうが、中国自身の軍備増強が、中国からの抗議の信頼性を弱めていることは指摘すべきであろう。

「海洋拒否戦略」は、エアシー・バトルと同様、前方展開基地と兵力に対する第一撃に対処した後でさえも、米国に第一列島線内の海域まで苦闘しながら戻る用意を求めている。「遠距離海上封鎖」の実施とは対照的に、「海洋拒否戦略」は中国の近海における制海《シーコントロール》を許さない。少なくともこのアプローチは、相互に相手を拒否するゾーンを形成し、中国政府が（係争地域となっている）島嶼《とうしょ》を占拠したり、海底資源を開発したり、沿岸部で海上輸送を実施することを阻止できる。これに成功した場合、米軍ならびに同盟軍の作戦は、喪失した領土を回復し、友軍の海上交通の再開への道を開くであろう。この地域における米国の友好国が、米国政府の「以前の状態」を取り戻す決意について疑念を抱き、「米国はおそらく中国との直接的な軍事的対立のリスクよりも同盟国の国益のいくばくかを犠牲にするのではないか」と疑う状況にならない限り、「海洋拒否戦略」は同盟国の懸念を払拭できるはずである。

## 海洋拒否戦略の含意

「海洋拒否戦略」の一部として、米国は貴重な資源《リソース》を水中戦のための現有能力の向上に集中するだろう。攻撃型原子力潜水艦の追加建造を別にすれば、これは相対的に安価なディーゼル推進潜水艦の一隊か、あるいは水中無人艇（ＵＵＶ）に多く投資することで、実現可能となる。ヒューズは、米海軍は一隻の原子力潜水艦の予算で最大五隻のディーゼル潜水艦を建造することができると見積もっている。静粛性に優れ、かつ比較的小型であるという点から、ディーゼル潜水艦は、黄海や東シナ海・南シナ海において中国の潜水艦・水上艦艇・海上交通に対する作戦に際し、理想的な適合性を有していると思われる。しかしながらヒューズが述べるとおり、それらは「作戦区域まで長航程を航海する必要がないときに最良」なのであり、よってディーゼル潜水艦は前方展開基地（おそらくは日本、そしてフィリピンも考慮に入る）に配備しなければならないか、もしくは危機発生時に速やかに戦域へ展開できるようにしておく措置が必要となる*[47]。

米海軍は数十年にわたって潜水艦について原子力推進のみに依存してきたため、ディーゼル潜水艦の建造と運用に立ち戻ることは、長年にわたる組織文化、現在の産業基盤に対して、劇的な変革を強いることとなるだろう。これらの理由から、ディーゼル潜水艦に対する投資の復活はおよそありそうにもない*[48]。これとは対照的に、米海軍は水中無人艇の可能性を極めて熱心に進めているように見えるのであり、さまざまなプロトタイプを実験しているが、それらはやがて偵察、機雷敷設、魚雷攻撃、敵国の港外における待ち伏せ、といった任務を可能とするようになるだろう。現在の燃料搭載量ならびに海中通信に関する技術的限界が克服されるならば、水中無人艇は、比較的低コストで戦闘能力を飛躍的に拡大できるようになるだろう*[49]。

作戦に投入できる潜水艦の数には限度があることから、「海洋拒否戦略」の効果と成功の公算は、機雷の活用によってさらに高まるはずだ*[50]。機雷は海上交通から港湾を遮断するために、あるいは母港と近海を行き来するか、さもなくば第一列島線を突破して大洋に出ようとする潜水艦や水上艦艇の撃破を目的として敷設される。しかしながら様々な理由により、攻勢的・防御的機雷戦のいずれに関しても、米海軍は極端なまでに準備を怠《おこた》ってきた。これらに関する武器の備蓄は年を追うごとに減少を余儀なくされ、同様に米国内の機雷戦に関する産業基盤も能力が低下している。海軍調査研究諮問委員会（the Naval Research Advisory Committee）による二〇〇五年のレポートは、米海軍の機雷戦能力は「限定的で、そして急速に滅びつつ」あり、関心の高まりを示すいくつかの兆候がみられるにも関わらず、このトレンドを反転させようという努力がほとんどみられない、と結論づけている＊51。米海軍にはもはや水上艦艇による機雷敷設能力はなく、潜水艦発射型の自走式機雷は近年になって運用年限を迎えた。航空機から投下する機雷については限定的な供給能力があるが、これを搭載し、この任務のために訓練可能なプラットフォーム（F／A-18・B-52・B-1B）は、いずれも「アクセス阻止・エリア拒否」環境下で長時間残存するために十分なステルス性は有していない＊52。B-2はこの任務を隠密裏に実施する能力を有するが、ペイロードが小さいうえ、機数も少なく、他のより重要な任務の実行を優先される公算が高い。米軍が海洋拒否戦略を追求することを選択するのであれば、機雷の取得と、「アクセス阻止・エリア拒否」環境下で生存可能な敷設システムに対して多額の投資を実施しなければならず、そのため日本のような際立った機雷戦能力を維持している同盟国との連携を強化する必要がある＊53。

＊1　より包括的な分析結果については以下を参照のこと。Sean Mirski, 'Stranglehold: The Context, Conduct and Consequences of an American Naval Blockade of China,' *Journal of Strategic Studies*, vol. 36, no. 3, June 2013.

＊2　遠距離海上封鎖能力の強化に関し、地上配備型の対艦巡航ミサイルが持つ役割については以下を参照のこと。Terence K. Kelly et al., *Employing Land-Based Anti-Ship Missiles in the Western Pacific* (Santa Monica, CA: RAND Corporation, 2013). このような武器の有用性は、実戦において米国と同盟国が海上封鎖突破を試みる商船をためらいなく撃沈するケースに限られる。

＊3 Marc Lanteigne, 'China's Maritime Security and the "Malacca Dilemma"', *Asian Security*, vol. 4, no. 2, 2008, p. 150.

＊4 Douglas C. Peifer, 'China, the German Analogy and the New AirSea Operational Concept', *Orbis*, vol. 55, no. 1, Winter 2011, p. 126.

＊5 Robert Potter, 'The Importance of the Straits of Malacca', e-International Relations, 7 September 2012, http://www.e-ir.info/2012/09/07/the-importance-ofthe-straits-of-malacca/.

＊6 Peifer, 'China, the German Analogy and the New AirSea Operational Concept', p. 114.

＊7 Gabriel B. Collins and William S. Murray, 'No Oil for the Lamps of China?', *Naval War College Review*, vol. 61, no. 2, Spring 2008, pp. 81-3.

＊8 およそ一六五隻の船舶が毎日マラッカ海峡を航海しており、その三分の一が原油タンカーである。Jason Glab, 'Blockading China: A Guide', *War On the Rocks*, 1 October 2013, http://warontherocks.com/2013/10/blockading-china-a-guide/.

＊9 このような懸念は中国の攻撃に対する米軍と同盟国軍の対応策を探求する場合よりも、むしろ米軍の作戦初期における行動経路を熟考する際に米国の政策立案者達を悩ませる公算が高い。これらの問題については次を参照されたい。*ibid*., pp. 83-6. それに対する反論として以下を参照のこと。Peifer, 'China, the German Analogy and the New AirSea Operational Concept', pp. 127-9. ミルスキーは遠距離海上封鎖をより効率的に実施するための様々な方策として、「デジタル NAVCERT」設置の義務化などを挙げている。**NAVCERT** とは船舶の位置とチェックポイント通過の情報を自動で送受信する航法支援装置の一種であり、データを加工・改ざんすることはできない。海上封鎖を破り、中国の港湾に入港していたことが判明すると同時に、回航指示に従わない船舶は捕捉されることになる。

Mirski, 'Stranglehold', pp. 404-7.

＊10 Collins and Murray, 'No Oil for the Lamps of China?', p. 87.

＊11 このような見積もりにしたがい、著者は結論に正確性を期している。なぜならばそのインパクトは非常に大きく、国家統治システムの存続に関わることだからである。あるいは「中国の安全保障政策の立案者達は、米国が十分に効果的な海上封鎖を実施する蓋然性について、（対中戦争に踏み切れない状況下では）できるわけがない、と完全に割り引いて見積もっている可能性もある。」（ ）内は著者の追加）いずれにせよ、対米開戦が不可能であると確信することなしに、中国の政策立案者達が海上封鎖に対して安堵できる公算は低い。以下を参照のこと。Bruce Blair, Chen Yali and Eric Hagt, 'The Oil Weapon: Myth of China's Vulnerability', *China Security*, Summer 2006, pp. 53-4.

＊12 Mirski, 'Stranglehold', p. 413. この見積もりに関して方法論的な制約は何も示されていないが、ミルスキーは「石油不足の長期的な経済への影響を誇張する一方、短期的なインパクトについて甘い見積もりを出している可能性がある」と結論づけている。

＊13 このトピックス全般を確認するのであれば、次を参照すること。Chen Shaofeng, 'China's Self-Extrication from the "Malacca Dilemma" and Implications', *International Journal of China Studies*, vol. 1, no. 1, January 2010, pp. 1-24; ZhongXiang Zhang, 'China's energy security, the Malacca dilemma and responses', *Energy Policy*, no. 39, 2011, pp. 7,612-15.

＊14 Andrew S. Erickson and Gabriel B. Collins, 'China's Oil Security Pipe Dream: The Reality, and Strategic Consequences, of Seaborne Imports', *Naval War College Review*, vol. 63, no. 2, Spring 2010, p. 90.

＊15 多岐にわたる事業ならびにそれらの計画については、同じく上記(14)を参照すること。ミャンマー

と雲南省を結ぶパイプラインは原油と天然ガスのパイプラインが併設されているが、これは二〇〇四年に初めて提案され、二〇一三年五月に運用が開始された。Teddy Ng, 'China-Myanmar Oil Pipe to Open in May', *South China Morning Post*, 22 January 2013, http://www.scmp.com/news/china/article/1133322/china-myanmaroil-pipe-open-may. パキスタンを横断するパイプラインの計画は二〇〇六年に明るみに出たが、パキスタン国内の政情不安に伴い頓挫している模様である。

＊16　ロシア、ミャンマーならびに中央アジアからのパイプライン計画における能力見積もりと予測需要量の比較から、二〇三〇年までに中国は原油需要の一五％、天然ガス需要量の三〇％について陸上パイプラインを介して確保すると考えられる。次を参照のこと。Aaron L. Friedberg, 'Closing the Interest-Capabilities Gap: China's Possible Long-Term Objectives in the Near Seas', *Long Term Strategy Group*, July 2011, pp. 6-8.

＊17　次を参照のこと。Daniel J. Kostecka, 'Places and Bases: The Chinese Navy's Emerging Support Network in the Indian Ocean', *Naval War College Review*, vol. 64, no. 1, Winter 2011, pp. 59-78; Gabe Collins and Andrew Erickson, 'Implications of China's Military Evacuation of Citizens from Libya', *China Brief*, vol. 11, no. 4, 10 March 2011, http://www.jamestown.org/programs/chinabrief/single/?tx_ttnews%5Btt_news%5D=37633&cHash=7278cfd21e6fb19afe8a823c5cf88f07.

＊18　このような変化は、差し迫った状況下ではなくともあり得ることである。地球温暖化によって北極海の融氷が十分に進行した場合、アフリカとペルシャ湾から中国に向けた原油を東南アジアの狭い海峡を介することなく輸送することが可能となる。しかしながらそのような海上交通が現実のものとな

ったケースにおいて原油タンカーは大西洋を航海することになるが、そこは米国が海軍力を容易に発揮できる海域である。また、米国と同様中国にも地中に大規模なシェールオイルとシェールガス鉱床が存在すると信じられている。とはいえシェールオイルの採掘において不可欠な「フラッキング」と呼ばれる作業を実施するためには、中国で不足している水が大量に必要である、ということを含め、様々な理由から採掘は容易ではないと考えられている。結果的に、中国にとって比較的短期間に長距離資源輸送の依存を減らす最も確実な方策とは、東シナ海・南シナ海の底に存在する、広大な石油・天然ガス鉱床をコントロールすることである。これは遠距離海上封鎖に制約を受けないが、次章で示すとおり、米国と同盟国が第一列島線に沿って海洋拒否戦略を追求した場合、海上輸送が実施できなくなる、という脆弱性を有する。

＊19 これは二〇〇九年に中国社会科学院のYe Hailinが発表した記事の引用である。Toshi Yoshihara and James R. Holmes, *Red Star Over the Pacific: China's Rise and the Challenge to US Maritime Strategy* (Annapolis, MD: Naval Institute Press, 2010), p. 20.〔トシ・ヨシハラ、ジェームズ・R・ホームズ著、山形浩生訳『太平洋の赤い星』バジリコ、二〇一四年〕

＊20 この議論は以下からの引用である。Friedberg, 'Closing the Interest Capabilities Gap', p. 5.

＊21 遠距離海上封鎖における貢献度はともかく、対艦ミサイルをはじめとした各種アクセス阻止兵器は、たとえ米軍の大半が別の戦域で交戦していたとしても、米国の同盟国ならびに友好国が中国の初度攻撃を防御する際、大いに有効である。この点に関する提言については以下を参照のこと。William S. Murray, 'Revisiting Taiwan's Defense Strategy', *Naval War College Review*, vol. 61, no. 3, Summer 2008, pp. 13-38; and Toshi Yoshihara, 'Japan's Competitive Strategies at Sea: A Preliminary Assessment', in Thomas G. Mahnken (ed.), *Competitive Strategies for the 21st*

*Century: Theory, History, and Practice* (Stanford, CA: Stanford University Press, 2012), pp. 219-35.

＊22 Mirski, 'Stranglehold', p. 408.

＊23 次を参照のこと。Jeffrey E. Kline and Wayne P. Hughes, Jr, 'Between Peace and the Air-Sea Battle: A War at Sea Strategy', *Naval War College Review*, vol. 65, no. 4, Autumn 2012, pp. 35-40; T.X. Hammes, 'Offshore Control: A Proposed Strategy for an Unlikely Conflict', *Strategic Forum*, no. 278, June 2012; Michael Raska, 'Decoding the Air-Sea Battle Concept: Operational Consequences and Allied Concerns', *RSIS Commentaries*, no. 158/2012, 23 August 2012; and Raoul Heinrichs, 'America's Dangerous Battle Plan', Diplomat, 17 August 2011, http://thediplomat.com/2011/08/17/america's-dangerous-battle-plan.

＊24 沿岸部における戦闘の効用については以下を参照のこと。Kline and Hughes, 'Between Peace and the Air-Sea Battle: A War at Sea Strategy', pp. 37-8. 地上配備型対艦巡航ミサイル（ＡＳＣＭ）が担う役割については以下が論じている。Toshi Yoshihara and James R. Holmes, 'Asymmetric Warfare, American Style', *US Naval Institute Proceedings*, vol. 138, no. 4, April 2012, pp. 24?9.

＊25 Kline and Hughes, 'Between Peace and the Air-Sea Battle', p. 39.

＊26 China Trade Profile, World Trade Organization, September 2013, http://stat.wto.org/CountryProfile/WSDBCountryPFView.aspx?Country=CN&.

＊27 Dean Cheng, 'Sea Power and the Chinese State: China's Maritime Ambitions', *Heritage Foundation Backgrounder*, no. 2576, July 2011, p. 1.

＊28 Yoshihara and Holmes, 'Asymmetric Warfare'.

＊29 技術的な論点については、次において平易な説明がなされている。Owen R. Cote, Jr, 'Assessing the Undersea Balance Between the US and China', *MIT Security Studies Program Working Paper*, February 2011, pp. 4-8.中国海軍の能力改善に向けた努力については以下を参照のこと。Lyle Goldstein, 'Beijing Confronts Long-Standing Weaknesses in AntiSubmarine Warfare', *China Brief*, vol. 11, no. 14, 29 July 2011.

＊30 *Ronald O'Rourke, Navy Virginia (SSN-774) Class Attack Submarine Procurement: Background and Issues for Congress* (Washington DC: Congressional Research Service, 2012), p. 9.

＊31 Japan Ministry of Defense, *Defense of Japan 2012* (Tokyo: Japan Ministry of Defense, 2012), p. 131. 防衛省『平成24年版　日本の防衛　防衛白書』一二九頁

＊32 'South Korea Submarine Capabilities', *Nuclear Threat Initiative*, 13 July 2013, http://www.nti.org/analysis/articles/south-koreasubmarine-capabilities/.

＊33 'Australia Submarine Capabilities', NuclearThreat Initiative, 15 July 2013, http://www.nti.org/analysis/articles/australia-submarine-capabilities/.

＊34 Cote, *Assessing the Undersea Balance Between the US and China*, p. 3.

＊35 Wayne P. Hughes, *The New Navy Fighting Machine: A Study of the Connections Between Contemporary Policy, Strategy, Sea Power, Naval Operations, and the Composition of the United States Fleet* (Monterey, CA: Naval Postgraduate School, 2009), p. 36.

＊36 Kline and Hughes, 'Between Peace and the Air-Sea Battle', p. 37. ヴァン＝トルの主張は、作戦を成功させるための目標と必要要素について類似している。しかしながらヒューズと異なり、ヴァン＝トルは最終的に中国近海における海上優勢を確立するため、中国本土に対して米国が攻撃すること

を前提としている。Jan van Tol et al., *AirSea Battle: A Point-of-Departure Operational Concept* (Washington DC: Center for Strategic and Budgetary Assessments, 2010), pp. 71-4.

＊37 Hammes, 'Offshore Control', p. 10.

＊38 Bernard Cole, 'China's Naval Modernization: Cause for Storm Warnings?', *National Defense University*, 16 June 2010.

＊39 Michael Pillsbury, 'The Sixteen Fears: China's Strategic Psychology', *Survival*, vol. 54, no. 5, October-November 2012, pp. 152-3.

＊40 Goldstein, 'Beijing Confronts LongStanding Weaknesses in AntiSubmarine Warfare'.

＊41 *Ibid*.

＊42 Van Tol, *AirSea Battle*, p. 26.

＊43 Goldstein, 'Beijing Confronts LongStanding Weaknesses in AntiSubmarine Warfare'.

＊44 Claire Apthorp, 'Anti-Submarine Warfare: ASW Capabilities in the Asian Region', *Defence Review Asia*, 19 March 2012, http://www.defencereviewasia.com/articles/155/Anti-Submarine-Warfare.

＊45 Goldstein, 'Beijing Confronts LongStanding Weaknesses in AntiSubmarine Warfare'.

＊46 アジア地域における軍事力の発展について概観する場合、次を参照のこと。Geoffrey Till, *Asia's Naval Expansion: An Arms Race in the Making?*, Adelphi 432-33 (London: Routledge for the International Institute for Strategic Studies, 2012).

＊47 Hughes, Jr, *The New Navy Fighting Machine*, p. 36.

＊48 ヒューズは少なくとも四〇隻のディーゼル潜水艦を建造することにより、攻撃型潜水艦を二倍に増

強するべきであると主張している。*Ibid.*, pp. 35-8. この提議を支持する議論の概要については以下を参照のこと。 Gary J. Schmitt, 'US Navy Needs Diesel Submarines', *Defense News*, 12 June 2011, ?http://www.defensenews.com/article/20110612/DEFFEAT05/106120303/U-S-Navy-Needs-Diesel-Submarines. 米国の造船所は一九五九年以来ディーゼル攻撃型潜水艦の建造を行っていない。Norman Polmar, *The Naval Institute Guide to the Ships and Aircraft of the US Fleet* (Annapolis, MD: US Naval Institute, 2005), pp. 88-9.

＊49 UUVの有用性については次を参照すること。Edward C. Whitman, 'Unmanned Underwater Vehicles: Beneath the Wave of the Future', *Undersea Warfare*, no. 15, http://www.navy.mil/navydata/cno/n87/usw/issue_15/wave.html; Scott Pratt, 'Asymmetric and Affordable', *US Naval Institute Proceedings*, vol. 138, no. 6, June 2012, pp. 46-9; Naval Research Advisory Committee, 'How Autonomy Can Transform Naval Operations', October 2012, http://www.nrac.navy.mil/docs/NRAC_Final_Report-Autonomy_NOV2012.pdf.

＊50 ミルスキーは米軍の機雷戦能力について、「海上封鎖戦略に関する現時点もしくは計画上における米軍の体制において、その即応性に問題を内包する唯一の例外である」、とやや楽観的な見解を示している。Mirski, 'Stranglehold', p. 409.

＊51 Scott C. Truver, 'Taking Mines Seriously: Mine Warfare in China's Near Seas', *Naval War College Review*, vol. 65, no. 2, Spring 2012, p. 57.

＊52 *Ibid.*, pp. 53-7.

＊53 ヨシハラ（Toshi Yoshihara）は、日本の海上自衛隊が「世界レベルの掃海部隊を保有しているが、装備の改修と人員の再教育により機雷敷設への対応も可能である」と指摘している。Yoshihara,

'Japan's Competitive Strategies at Sea', p. 227.

# まとめ

中国の「アクセス阻止・エリア拒否」に対する米国の対応は、それがどのようなものであれ、最終的には「直接的アプローチ」と「間接的アプローチ」を織り交ぜたものになるだろう。米国は少なくても中国本土のいくつかの目標を攻撃する能力を強化するであろうし、同時に中国沿岸の海域での戦闘能力を強化するはずだ。米国側の計画担当者たちは、抑止、同盟国への再保証、戦争準備、そして長期的競争のような様々な目標を同時に追求しなければならないため、よりわかりやすい軍事問題に対する最適な解決法を追及するよりも、異なる目標が入り混じった政策を選択することで良しとしなければならなくなる。他にも、特定の兵器や戦闘へのアプローチに対する軍の伝統的な好みや戦闘へのアプローチの好み、軍種間の競争関係、そして少なくとも短期・中期の国防費削減の圧力のような、いわゆる「非戦略的な要素」も、米国の戦略に影響を与えたり阻害したりする可能性がある。

## 戦略の諸要素

「エアシー・バトル」や「海洋拒否」、そして「遠距離海上封鎖」などの提唱者たちは、以下の三つが重要であるという点についてはほぼ合意している。第一に、通常兵器による精密攻撃に対する米軍とその基地の脆弱性を減らすこと。第二に、中国の海上エネルギー供給ラインを締め付けると脅すことによって、影響力を獲得すること。第三に、友好的な国との密接な連携の大切さの認識である。ただし見解が異なってくるのは、米国と同盟国が、第一列島線の中や、さらには中国本土に対して、どのような攻撃作戦を準備すべきかという点だ。これら三つのアプローチの提唱者たちの念頭には通常戦があるため、核兵器の役割については無視したり、それを軽視しがちである。

### 脆弱性を減らすには

「人民解放軍の計画者たちが感じている通常兵器を使った第一撃の能力への自信を失わせるために、米国と同盟国はあらゆる努力をすべきである」という意見について、異論を唱える人はほとんどいない。これはエアシー・バトルの提唱者の間で明白であり、彼らは前方配備部隊(forward-based forces)や施設の防衛を、中心的な目的であると同時に、作戦面での成功のカギを握る、必須の前提条件であると考えているからだ。もちろん遠距離海上封鎖や海洋拒否というのは、基地、人工衛星や、指揮・統制・通信・コンピューター・情報・監視・偵察(C4

ISR）ネットワークや、地上戦闘員たちに対する破壊的な攻撃の後に実行される可能性もあるが、それでもなお中国の「アクセス阻止・エリア拒否」戦力による「脅しの環」（threat rings）の外から必要な作戦を維持しつづけるのは、極めて困難な任務になるだろう（第一章の三五頁を参照）。

脆弱性を減らすためには、積極的手段と受動的手段の組み合わせや、ミサイル防衛・防空システム、施設の抗堪化、サイバーネットワークや衛星、そして指揮統制等（C4ISR）システムにおける冗長性の確保、戦場における分散、そしていくつかの重要戦力資産《アセット》を中国のミサイルの射程外に再配備することなど、様々な分野で継続的な投資が必要となるはずだ。偽装・欺瞞作戦もまた、平時に敵が自軍の発揮能力について抱く信頼を減少させ、危機の際には主要なターゲットの場所を不確実なものにするという意味では有益だろう。米国とその同盟国のパートナーたちは、戦略全体におけるその他の要素と比較した際の防御的手段への投資総額を決定するだけでなく、積極的防衛と受動的防衛の適切な組み合わせ、既存の（ミサイルのような）力学的《キネテック》武器システムと未だ実証されていない（レーザーを始めとする）指向性エネルギー兵器への投資バランス、そして指揮統制等（C4ISR）ネットワークの信頼性強化のための投資限度額の三点について選択しなければならない*1。

もちろん脆弱性を解消するのは不可能であるし、戦略的な観点からいえばそれは不必要であり、むしろ望ましくないとさえも言える。冷戦期を通じて米国の前方配備部隊や基地は、ソ連の先制攻撃の危険にさらされており、そのうちのいくつかは、戦争開始の時点で明らかに損害を受けたり破壊される可能性があった。そしてまさにこの理由から、これらの戦力資産《アセット》の配備は抑止に貢献したのである。脆弱性をさらすということは、逆に中国の意思決定者たちに対して「もし米国の同盟国を攻撃したら米国と戦争になる」ということを明確に示すことになるのだ。

## エネルギー封鎖という脅しの維持

「遠距離海上封鎖」の狙いの中心的にあるのは、中国のエネルギーの輸入を遮断することだ。一方、「海洋拒否戦略」の徹底的な実行を提唱する人々は、これだけでは十分な効果を発揮しないと考えながらも、主要なチョークポイントにおいて石油タンカーを阻止することについては原則的に反対していない。専門家の中には、このような作戦と南シナ海・東シナ海における作戦を、一つの戦略の下の補完的なパーツであると見なす人々もいる*2。さらにエアシー・バトルの推進者の中にも、中国の「アクセス阻止・エリア拒否」システムの破壊だけでは戦争に勝つための十分条件とはならないと認めて、遠距離封鎖を長期戦における第二段階として実行すべきであると主張する人が多い*3。

米国の政策立案者たちが中国政府に対して「中国の輸入エネルギーへの依存状態を利用しようとするつもりはない」と説得して納得させることができるかどうかというのは、実際のところ極めて怪しい。この脅しは、現在の海洋バランスから意図せずに生じた副産物のようなものであり、差し迫った米中間の海軍力のシフトにもかかわらず、この状態がすぐに消滅する見込みもないからだ。米国の計画担当者たちが直面している問題は、中国の意思決定者たちの考えの中に「遠距離海上封鎖」を予期させるような小規模だが多くの比較的安価な脅しを、一部の同盟国と共に正面からちらつかせるべきなのかどうかということだ*4。これを実行するメリットは、中国に対して、限られた国家資源をより危険な目的から分散させつつ、遠距離封鎖の脅しを抑止として働かせる、という点にある。将来の戦争の結果に及ぼす影響がどのようなものになろうと、この点は間違いないだろう。

もちろんこのような結論には、忘れてはならない警告がついてくる。いざ危機が発生して、もし中国の意思決定者が「経済封鎖が迫っている」と考えてしまった場合、彼らはリスクを犯して侵略を行ったり事態をエスカレートさせる可能性があるかもしれないからだ。危機の際にエネルギーの供給に圧力をかけることによって中国政府の政策を変えさせようとするのは、平時に単にそれをほのめかす場合よりも危険かもしれない。たとえば中国側が、南シナ海や東シナ海の石油・ガス生産施設を奪取して維持するといった決定的な軍事行動を通じて脆弱性をカバーしようとした場合、その危険性はさらに高まることになるからだ。

## 攻撃的なオプションの開発

### ▼長距離精密攻撃

純粋に「防衛的な戦略」というのは、不必要に挑発的に映ることを嫌う人々にとっては魅力的なものかもしれないが、それでも抑止、戦争遂行、同盟国への再保証、そして長期的な軍事競争という四つの要件を満たせるものではない。すでに述べた三つの選択肢の中では、「遠距離封鎖戦略」が最も理想的な「非挑発的な防御」と言えるのかもしれないが、それでもこの選択肢を推奨する多くの人々は、これをそれ以外の「より攻撃的なオペレーション」と同時に実行すべきものであるとみなしているのだ。ジェームス・フィッツシモンズ（James FitzSimonds）が指摘するように、防御的な姿勢をとり続ける利点がどのようなものであれ、米軍の幹部たちは自分たちから見て、必要以上に消極的であったり、「何もしない」と見なされるような戦い方に対して、深い嫌悪感を持っている*5。

現実問題として、軍の計画立案者たちが直面する最も厳しい選択は、中国に対して攻勢的に出るか、もしくはその脅しを使うべきかどうかという点ではなく、むしろそれをどのように、そしてどの程度積極的に行うか、という点である。この問題についての立場の違いは、中国本土への攻撃を避けようとする「海洋拒否」の提唱者たちと、そのような攻撃なしでは勝てないと考えるエアシー・バトルの提唱者たちの間で、大きくわかれることになる。

中国の領土に対する攻撃を考慮することさえ避けたいと考える人々の気持ちはわからないでもないが、それも程度の問題だ。彼らの議論によれば、いざ危機になれば「攻撃を行う」という脅しでさえも危機における不安定化のリスクを高めることになり、実際にそれが行われれば、急激にエスカレーションが進み、核兵器の撃ち合いになる可能性も出てくるという。軍事的優位を獲得できる可能性にかかわらず、中国が大規模な挑発を行ってくる前の時点でそのような攻撃を実行しようとする米国の大統領はいないだろう*6。ところがもし中国が「アクセス阻止・エリア拒否」を行おうとするのであれば、このような米国側の自制的な姿勢は弱まるだろうし、それがすべて吹き飛んでしまう可能性もある。もし人民解放軍が米国やその同盟国の軍隊や基地に対して最初の攻撃を加え、米国側がそれに対する報復をできなければ、中国側に対して攻撃後の偵察と次の攻撃のための「聖域」を与えることになる。もちろん最初の攻撃を受け止めることができたとしても、米軍とその同盟国が、少なくとも中国の指揮統制等（C４ISR）ネットワークの妨害を行わずに部隊を再編して攻勢に出ることができるかどうかは、実際は微妙なところだ。軍事的な面での考慮はさておき、同盟国の指導者たちは、ジェームス・ホームズ（James Holmes）が「自国の艦船や子供たちへの攻撃の策源地に対する報復」と呼ぶ、莫大な政治的な圧力に直面することになるだろう*7。

中国本土への攻撃準備を避けようとすれば、抑止の弱体化につながり、長期的にも米国の軍事面での競争力を深刻な劣位に置くことになる。米国やその同盟国の軍隊や基地を通常兵器によって攻撃することに対して、即時かつ同等の反撃で報復されることを恐れない中国の指導者たちは、戦争勃発のリスクを過小評価している可能性がある。もし彼らが「米国たちは中国本土攻撃をする能力も意志も失った」と考えるのであれば、人民解放軍の作戦計画担当者たちは、防御よりも攻撃のほうに続々と国家資源を投資するようになるだろう。

現時点で米国は、中国に対する通常兵器による精密攻撃を実行する能力を持っているし、戦略について明確な総意ができているわけではないのだが、それでもそのような能力をさらに獲得しつつある。そして米国の作戦担当者が直面している最大の問題は、「どの量だと十分だと言えるのか」というありきたりの疑問なのだ。より細かくいえば、米国軍はどのくらいの範囲までの目標《ターゲット》を攻撃する準備を行い、どのような運搬手段によってこの攻撃を実行すべきなのか、という問題となる。一方の極端な意見では、この標的のリストには中国奥地の抗堪性のある地下施設から、地方を動き回っている多数の移動式の通常型ミサイルランチャーまで含むべきだということになる。その反対に、米国は少数だが決定的に重要で、しかもその多くは比較的「ソフト」であるようなターゲットだけに集中した攻撃を行う可能性もある。その一例が、超水平線（ＯＴＨ）レーダーや、宇宙ロケットの発射関連施設、衛星通信の地上基地、それにいくつかの中国の指揮統制等（Ｃ４ＩＳＲ）ネットワークの重要結束点などである。

　抑止、戦争遂行、そして長期的な競争の形成という目的のためには、米国は中国の「アクセス阻止・エリア拒否」部隊を支える指揮統制等（Ｃ４ＩＳＲ）の設備に対して、迅速な盲目化攻撃を行う能力の獲得につとめるべきである。また、通常兵器によって相手の多様なターゲットを危険にさらすことができる能力を保持することも望ましい。そのターゲットのうちのいくつかは、「ソフト」なもので、沿岸近くのもの（飛行場や港など）、さらには内陸のはるか奥地に位置するもの（宇宙ロケット発射関連施設や超水平線（ＯＴＨ）レーダーのサイトなど）であったり、抗堪化されたものなどだ。さらに進んで、少なくともいくつかの移動可能なターゲットを破壊できる能力まで得ようとするのは確かに魅力的なオプションに思えるかもしれないが、一部のエアシー・バトルの提唱者たちが主張するような、中国の広大な領土内の数百にのぼるターゲットの位置を局限して追尾・破壊できるような能力の獲得の利点は、そのコストの大きさを正当化できるほど重要なものではない。

F-35や長射程の空対地ミサイル、そして潜水艦発射型の巡航ミサイルなど、米国国防省が現在開発中の兵器システムは、中国東岸部から数百マイル以内の固定された、そして少なくともいくつかの移動式のターゲットを攻撃する上では、利用価値のあるものだ。一方で、現在の米国軍は、B-2ステルス爆撃機を使った奥地への攻撃能力を十分に持っているとは言いがたい。もちろん開発中のいくつかのシステムはこのような任務を遂行できるだろうが、たとえば有人爆撃機の後継機のように開発に時間がかかるものもあるし、その他（たとえば極超音速ブースト滑空機など）にも、まだその技術が実証されていないテクノロジーに依存しているものもある。米国軍の好む通常弾頭の運搬手段があまりにも高価であり、しかも予算は極めて限られているために、早い時期に比較的低コストに実現できる代替的な選択肢の開発へと投入される資金の量は、きわめて限定的なものとなるだろう*8。そのような選択肢の一つである潜水艦発射型の通常弾頭による弾道ミサイルは、コスト意識の高い連邦議会から強烈な反発を受けている*9。

（ジェットのように酸素を必要とする）大気吸入推進システム（air-breathing systems）により攻撃を行う現在の能力を維持しつつ、弾道ミサイル（もしくは目新しい極超音速ブースト滑空機など）を使う能力を加えることができれば、中国人民解放軍の作戦計画を困難にし、攻撃よりも積極的・受動的な防御の方に資源《リソース》を消費させるよう仕向けることが可能になるだろう。超高速の非吸気システム（ロケット発射型の極超音速ブースト滑空機や弾道ミサイルなど）や、さらには極超音速の巡航ミサイルまで実現すれば、米国は中国の第一撃に対して「迅速な報復が可能だ」として脅しをかけつつ、中国が行ってくる可能性のある二次攻撃の効果を減少させることができるようになるだろう*10。

迅速に長距離攻撃を行うために、通常弾頭型弾道ミサイルやその他の可能性を探求するのに加えて、海軍と空軍は、有人と無人の航空機（大気吸入推進システム）の配備の比率を変える必要がある。広大な広がりを持つアジア地域の重要性を考えれば、無給油での飛行可能距離が限られており、脆弱性を抱えた基地から飛び立つような有人飛行機に対して多額の投資を行うのは賢明とはいえない。そのような投資のいくつかは、長射程の空・海発射型の巡航ミサイルや、長時間飛行可能な様々なタイプの無人航空機、そしてやや長期的な話であるが、新型のステルス有人爆撃機の開発と配備のために使用されるべきなのだ。

### ▼水中戦

「海洋拒否戦略」は、エアシー・バトルと両立しないというわけではない。米国はエスカレーションを心配せずに、地上目標への攻撃を除外した海上での戦争を開始するかもしれないが、中国本土への攻撃を決心した場合でも、船や潜水艦を沈めることまで止める理由はない。実際のところ、この二つの作戦は相互補完的な役割を持っている。飛行場や港、そして指揮統制等（C4ISR）関連施設への攻撃は、人民解放軍海軍の南シナ海と東シナ海における制海の能力を制限することになる。一方で、効果的な海軍作戦は、米国とその同盟国の水上艦艇や潜水艦が直面するリスクを軽減することになり、彼らが中国沿岸部まで近づいて、地上の目標に対してさらに効果的な攻撃を行うことができるようになるのである。

エアシー・バトルの場合と同様に、米国にはすでに「海洋拒否戦略」を実践できるいくつかの能力を保持している。ここでも問題は、その戦略のために必要となる軍事作戦を実行する能力を強化するか否かではなく、これをどのようにして強化するか、という点にある。米国海軍は、高性能の攻撃型原子力潜水艦の精強な部隊をすでに持っているし、空、海上、そして海中の戦力資産《アセット》を、対潜水艦戦（ASW）の実行において協同運用する豊富な経験を持っている。ところが米国の計画立案者たちが「海洋拒否戦略」を追求しようと思うのであれば、中国の港湾を封鎖し、中国海軍の水上艦や潜水艦を沈めるための部隊をさらに強化する必要がある。同盟国と共同作戦を行うことに加えて、この作戦の実行には二つの方法がある。ただし計画立案者たちの中では、たった一つの方法の方しか熱烈な支持を得ていない。

空の場合と同じように、海中の広範囲にわたるターゲットを長期にわたってカバーし続けるためには、水中無人艇（UUV）が必要になる。こうすることによって、有人の戦力資産《アセット》はそれ以外の優先順位の高い任務に集中できるようになるからだ。米国とその同盟国の潜水艦と、水中無人艇の組み合わせは、中国の海運に大きな脅威となるであろうし、これによって人民解放軍海軍は、以前から弱点であるとされてきた対潜水艦戦に備えるために、多額の投資をする必要に迫られることになる。無人機（艇）は米国海軍の将来の戦争のビジョンにとって中心的な位置を占めている。海軍作戦部長によれば、次の一五年年間で米国海軍は「米国が明白に非対称な優位にある海中優勢を維持する」ために、水中無人艇の「ファミリー」を配備するという＊[11]。配備されるシステムの一つが「永続的沿岸海底監視ネットワーク」であり、これは「海底で海中の音に聞き耳を立てながらその結果をリアルタイムに無人機や人工衛星のリンクを介して伝えるセンサー」と、「数週間から数ヶ月間にわたって人間の介入を必要せずに活動し、自動的に数百マイルを移動可能な、長さ六メートル、直径一・五メートルの艇体」から構成される＊[12]。

中国の作戦担当者たちにとって、機雷（その中には従来の固定式の海中機雷よりも水中無人艇に近いものもある）の存在は、さらに問題を複雑化させることになる。ところが様々な理由から、米国海軍はこれらの兵器の開発に労力と資金をほとんど注いでいない。フィッツシモンズによれば、たしかに潜水艦や航空機によって中国の沿岸部から離れた安全な場所から運搬される、新しい移動式の機雷の開発についての提案は何度もなされているのだが、「米国がすでに保持している機雷を更新したり、機雷を軍事作戦の計画やその実行において主要な位置につけるための具体的な行動は何もとられていない」のだ。結果として、中国の機雷による脅威が高まっているにもかかわらず、米国は「中国を抑止したり、中国の軍事資源《リソース》を他方に向けさせたりするような能力を提供できていない」のである＊[13]。もし米国海軍が本気で「海洋拒否」に取り組むつもりであれば、この弱点を補う対策を講じなければならないだろう。

## ▼同盟国との連携

中国の能力が高まり続ける中で、アジアにおける好ましいバランス・オブ・パワーを維持するためには、米国と地域の友好国たちの間で、一層の努力と緊密な連携が必要になってくる。米国の計画立案者たちは、どのような戦略が採用されようとも、他国に対しては、突然の攻撃に対する脆弱性を軽減するための手段を講じるよう求め、また、米軍が前方配備部隊を抗堪化し、分散化し、そして防衛する際には、同様の措置をとることで米国を支援するよう求めるはずだ。同盟国が自身の領土と領空、そして海上交通路の防衛に貢献できるようになれば、米国軍の部隊が背負う負担を軽減できることにもなるからだ。地上発射型、空中発射型、そして海上・海中発射型の対艦巡航ミサイル、潜水艦、機雷、そして対潜哨戒機や水上艦などを含む、いくつかのシステムは、「遠距離海上封鎖」の実行において大きな助けとなる可能性がある。もちろん同盟国の持つ基地の範囲や場所によっては、彼らの一部を「海洋拒否作戦」に参加させることもできるだろう。

米国の計画立案者たちは、他国が長射程の通常弾頭による精密攻撃能力の開発を進めることについては、より曖昧《あいまい》な態度をとる可能性が高い。まず一方で、同盟国が中国のターゲットを攻撃できるということになると、米国の同盟国が同じような攻撃を受けるのを抑止する助けとなるはずだ。ところがその一方で、そのようなシステムの拡散は、他国に対するエスカレーションの確率を上げ、同盟国の政府間を互いに疑心暗鬼にさせ（最も目立つ例はすでに弾道ミサイルと巡航ミサイルの能力をもった韓国政府と日本政府の間）、より有益で問題も少ない分野から、貴重な国家資源《リソース》を分散させてしまうことにもなりかねないからだ。

## ▼核兵器の分野について

これまでの米国の戦略についての議論では、ほぼ通常戦力の話だけが扱われてきた。エアシー・バトルの提唱者たちは、全般的に言って、核兵器についてさりげなく触れるか（彼らの提示したアプローチには潜在的な突発的事態のうち、限定的な範囲だけを取り扱うと認めるものがある）、あからさまに論じるもの（計画立案という目的のため、紛争が通常兵器レベルだけに留まりつづけると仮定するもの）のどちらか一方に偏っている*14。ところが「海洋拒否」や「遠距離海上封鎖」を提唱する人々は、そもそも自分たちの提案が「核戦争へとエスカレートするリスクを軽減したいという動機から生まれたものだ」と主張するのである。

理論家たちの好みのアプローチがどのようなものであれ、核兵器は将来の紛争において大きな影を落としており、米国の計画立案者たちには核兵器の役割を検討する以外の選択肢は存在しない*15。ここで注目すべき問題が二つある。第一に、エアシー・バトルに対して批判的な立場の人々は、中国本土への攻撃が紛争のエスカレーションにつながる可能性があるにもかかわらず、そのような中国側の反応を抑止するためには何ができるかについてほとんど何も議論されていないことを懸念しているという点だ。その答えの一つは、おそらく米国の核戦力の規模と構造に関係したものであり、それらの実際の使用が可能であることを相手に確信させるような選択肢が本当に存在するのかどうかという点にある。もちろんほとんどありえない想定だが、もし中国の指導者たちが米国の核戦力に対して効果的な第一撃を加えることができると信じてしまうほど米中間の核バランスがシフトしてしまえば、エアシー・バトルのようなタイプの攻撃に対する中国側の報復によるエスカレーションのリスクは、飛躍的に高まることになる。その反対に、もし米国が攻撃的な手段と防衛的な手段との組み合わせによって核攻撃による損害を劇的に制限できるような立場になれば、中国が意図的に仕掛けてくるエスカレーションの危険は減少すると想定できる。また、米中双方とも相手の核報復能力を破壊できるとは確信を持てないと想定したとしても、米国側の計画立案者たちは、中国による核の限定使用に対応するための準備をする必要がある。もし中国側の意思決定者たちが、米国やその同盟国のもつターゲットの一部に対して示威的な形で核兵器を使用したり、中国の決意を誇示するため、或いは電磁パルスで通信システムにダメージを与えるために宇宙空間で核兵器を爆発させることを考えているのであれば、彼らは米国側が同じやり方で対応する準備があることを覚悟すべきであろう。

最後の、そしてある意味ではより難しい問題は、米国が（実際にありえるとすれば）中国の通常兵器による第一撃に対して、どのようなタイミングで、そしてどのような形で核兵器を使用するのかというものだ。第三章でも論じられたように、エスカレーションの脅しは現在の米国が提供している安全保障体制においてもすでに暗黙の内に存在しており、これは米国政府が中国が発する核の先制不使用の立場を常に拒否しているという事実によっても明白だ。核兵器廃絶という長期的なゴールの可能性について彼らが何を論じようとも、米国の将来の政権は、最低限でもこの立場を支持しなければならない。これより先の話については、米国政府は公式な政策の宣言および実際の軍備態勢を通じて、通常兵力による大規模かつ破壊的な攻撃が行われた場合には核兵器で報復せざるを得ないことを明白にする必要がある。中国側の公式な政策にもかかわらず、中国側の報道官たちが最近の一連のコメントで示唆しているのは、まさにこのような事態なのだ。もちろんこのような脅しに信頼性があるかどうかは微妙なのだが、それでもこれは「相手側の意思決定者の思考の中に疑いのタネを蒔く」という形で抑止に貢献できるのである。

## 検証の不十分な問題

### 長期にわたる高烈度の戦い

米中間の軍事衝突が偶発的ではなかったと仮定した場合、それは数ヶ月、さらには数年間も続く可能性がある。これは、もし米国がある種の封鎖的な戦略を採用したとすれば、確実に起こる事態であろう。また、双方がすでに作戦コンセプトとして想定しているように、互いがサイバー戦争やミサイルの急速な応酬を行うというシナリオにおいても長期化する可能性がある。たとえ開始直後の戦闘の結果がどちらかに一方的なものとなったとしても、緒戦の勝者は、単に敵に損害を与えただけで完全に戦争遂行能力を奪ったことにはならないだろう。それ以降の戦争の継続は、軍事力よりも政治的意志の問題になる。そして双方とも、戦争を戦おうとする意志は高まることになるだろう。米国にとって争われているのは将来のアジアでのポジションであり、同盟国の安全に対するコミットメントが問われるのだ。そして中国のリーダーにとっても、そこでの完全な敗北を回避することは、政権の生き残りの問題に直結している。

ヴァン＝トルは、エアシー・バトルの説明の中で、もし自分の提案が採用されても「米中間の通常紛争は長期的な戦争に発展する可能性が高い」と述べている。彼はこのような戦いに勝利する上で、米国は主要な産業基盤、とりわけ長射程の精密誘導兵器の大量生産に関連する部門を動員することが重要であると指摘している*16。このような弾薬の消費ペースを考えれば、確かに彼の指摘は正しいといえる。ところが航空機が撃墜され、人工衛星は無能化され、艦船が撃沈されるような戦争においては、精密誘導兵器というのは非常に大きな「氷山の一角」に過ぎない。主要な兵器プラットフォームを再生産するためには、米国には過去五〇年間に一度も経験したことがないような規模での工業生産能力の動員が必要となるのだ。結果的に、米国は国防総省が一九七〇年代後半から八〇年代前半にかけてソ連と通常兵器による長期戦を深刻に考えた時以来初めての、管理・生産問題に対処する必要に迫られることになる*17。

当然のことながら、この様な要求は資源《リソース》を「現在の能力」から「非常に発生の可能性の低い偶発的事態のための無駄な準備」と映るものへと振り向けることになるため、軍の内部では必然的にそのような動員計画を支持する層は少なくなる。万が一そのような動員が実行に移されるような可能性があるのかどうかという問題はさておき、その様な準備に対する最も説得力をもった議論は「それが抑止に貢献するものである」とするものだ。もちろん中国側が長期戦をなんとしてでも避けようとしていることは疑いのないところだが、それでも中国の戦略家たちが「長期戦になれば国内の大規模な産業基盤や国家組織が中国に優位をもたらす」と考える可能性はある。米国が堂々と長期戦を準備すれば、中国側のこのような考えに対する自信を低下させることができるだろうし、中国の計画立案者に対して、迅速な勝利が達成されなかった場合に直面するリスクと危険性について熟考を強いることになるだろう。

## コントロールは可能か

中国の軍事力の台頭は、近年になって軍備管理（arms control）という冷戦の終了と共に重要性を失ったように見えるトピックへの関心の復活をもたらしている。米中間におけるこのテーマについて書かれたもののほとんどは、核兵器や海洋面での信頼醸成《しんらいじょうせい》を中心としたものだ。最初に、米国の専門家たちは核兵器に関して、米国自身のミサイル防衛システムと通常兵力による精密攻撃兵器の組み合わせが中国の攻撃的核戦力の拡大を促すことにつながるといったような「作用・反作用のサイクル」を避けることの重要性を強調している。第二に、海洋面での信頼醸成については、海上において米中の艦船や航空機同士が絡んだ、危険な衝突発生のリスクを低下させるような仕組みづくりが模索されている*18。

これらの問題に比べてこれまであまり注目されなかったのは、台頭しつつある中国の「アクセス阻止・エリア拒否」能力の複合体と、米国の戦力投射《パワー・プロジェクション》能力を維持するための努力の間で激しさを増す競合関係を制限しコントロールするための、交渉による合意形成の役割である。当然ながらこれに関していくつもの提案がなされているが、いずれも真剣な議論の土台として受け入れられるような状況には至っていない。専門家の中には、米国が（ロシアと共同するなどして）一九八七年の中距離核戦力全廃条約（ＩＮＦ条約）を全世界に適用すべきであると提案する人もいる＊19。この条約は、射程が五〇〇キロから五五〇〇キロの範囲の地上発射型の弾道ミサイルと巡航ミサイルの全廃を、米国とソ連に求めたものだ。もし中国がこの条約に従うのであれば、自国が保有する通常弾頭ミサイル戦力のかなりの部分を廃棄しなければならなくなり、必然的に米国とその同盟国への脅威を緩和することになる。もちろんこの提案の最大の問題は、少なくとも現時点において、中国側にこれに従うメリットが何もないという点だ＊20。たとえばもし中国の担当者たちが「米国が斬新かつ脅威となる能力――たとえばレーザーのような指向性エネルギーを基盤とした非常に効果的なミサイル防衛システムや極超音速グローバル精密攻撃プラットフォームなど――をもうすぐ開発するはずだ」と考えるようであれば、中国側は自らの攻撃戦力をある程度制限することを考慮するかもしれない。ところが現時点では、米国のまだ実験段階にもないような開発中の兵器のために、中国がわざわざ現在保有する兵器をあきらめるとは思えない＊21。

二〇〇七年に中国が対人工衛星兵器（ＡＳＡＴ）の実証実験を行ったことにより、「宇宙空間における軍拡競争」を禁止したり、「少なくとも宇宙ゴミ《デブリ》を発生させるような対人工衛星兵器実験を制限するための行動規範を約束するような条約について、米国は合意すべきである」といった提案がなされるようになってきた＊22。とりわけ米国は、中国と比べて遠距離での軍事作戦を展開する上で宇宙空間に依存している度合いが高いため、現状維持は米国にとって高い利益となるように思える。ところが対人工衛星兵器の禁止は検証が難しいことや、米国のテクノロジー面での優位に自信があること、そして自分たちの選択肢を維持したいという思惑から、米国の計画立案者たちは、このような提案に対して気乗りしない様子を見せている＊23。中国の戦略家たちは自ら「宇宙の兵器化」に大々的に反対しているにもかかわらず、彼らが「非対称的な米国の脆弱性」と見るものにつけ込むチャンスをわざわざ逃してしまうような提案に対しては、消極的になる可能性がある。一方で、人民解放軍の対人工衛星能力がさらに発展して米国の政策の見直しにつながる可能性が出てきても、中国自身の宇宙空間への依存度が高まれば、このような態度は変化していくかもしれないのだ。結局のところ、米中双方の利害が現在よりもさら近づかない限り、この分野で意味のある合意形成がなされる可能性は少ない。

米中双方がすでに互いに脆弱性を感じており、そのために互いの自制を考慮し始める可能性がある分野として挙げられるのが、サイバー空間である。宇宙空間の場合と同様に、サイバー空間でもすでに米中を含んだすべてのプレイヤーたちに攻撃的な活動を制限することを狙いとした、一種のグローバルな条約が提案されている＊24。ここでも同様に、もし一線を踏み越えれば紛争を引き起こすか、もしくはエスカレートさせる可能性のある「限界線（レッドライン）」を定めた行動規範が提案されている＊25。一方で、両国とも自国のサイバー能力を相手に知らせたり認めたりすることに躊躇《ちゅうちょ》しているが、これは問題解決に向けた予備交渉にとってさえ大きな障害となっている。もし両国が交渉に意欲を見せたとしても、サイバー攻撃の責任の所在を明かすような手続きに合意できるかどうかは不明であるし、とりわけ物理的なレベルでの軍事行動が開始された段階でサイバー攻撃が行われた場合に、相手に実効性のある制裁を課すことができるのかどうかも怪しいのだ。もちろん現時点でこれらの疑問に明確な答えが出ていないという事実があるとしても、私はそれをあくまでも追求していく努力まで否定しているわけではないことはここで述べておきたい。

## 中国側の見積もりを理解せよ

米国の戦略が目指している究極の目的は、中国との戦争に勝利することではなく、その戦いの発生を防ぐことにある。ここから考えると何よりも重要なのは、中国側の視点や、その対米見積もりや、彼らの意思決定プロセスについての理解を深めることだ。歴史が教えているのは、このような洞察や理解を得ることによる利益の大きさである。冷戦期の終盤に、米国とその同盟国は、ソ連が北大西洋条約機構（NATO）とワルシャワ条約機構の間における軍事バランスをどのように見積もり、欧州での戦いをどのように戦って勝とうとしていたのかについて、その全体像を把握することができていた。また西側の専門家たちは、戦時にソ連がどのように潜水艦を展開しようとしていたのかについて熟知していた。このような洞察は、数十年間にわたるインテリジェンスの収集活動と分析の成果であり、それらは同盟国との兵器の調達や戦術、そして戦争計画の決定に直接役立てられたのである。これらは後に「エアランド・バトル・ドクトリン」や「海洋戦略」（the Maritime Strategy）と知られるものが採用されたことによって実を結んでいる。このような戦略の変更は、ソ連が通常兵力の分野において大きな優位を獲得したように見えた時点において、抑止力を増強する役割を果たし、軍事技術面での競争を米国と西側の工業先進国にとって有利にする働きをしたのである＊26。まだ競合関係が始まったばかりの現時点では、米国が中国について同じような深い理解を得られるかどうかはかなり怪しいが、それでもその努力を続けるべきなのは当然であろう。

＊1 防衛というのは攻撃的な行動によって効果が高められる部分もあるため、米国の軍事力全体の態勢や戦略の一部として検証される必要がある。ヤン・ヴァン＝トルが指摘しているように、中国の通常弾道ミサイル発射設備に対する攻撃能力は米国のミサイル抑止の効果を上げる可能性がある。同様に、同盟国間の兵力を分散すれば、もし中国が盲目的な攻撃によって「目」を失ったとしても残存率を上げることができる。

＊2 Sean Mirski, 'Stranglehold: The Context, Conduct and Consequences of an American Naval Blockade of China,' *Journal of Strategic Studies*, vol. 36, no. 3, June 2013, pp. 385-421.

＊3 以下を参照のこと。Jan van Tol et al., *AirSea Battle: A Point-of-Departure Operational Concept* (Washington DC: Center for Strategic and Budgetary Assessments, 2010), pp. 76-8.

＊4 この同盟国には日本、オーストラリア、フィリピン、そして可能性としてシンガポールとインドネシアを加えてもいいだろう。この姿勢には遠距離海上封鎖や艦船の臨検など含んだ演習などがある。

＊5 この点については消極的・積極的のどちらのミサイル防衛が良いのかという議論の中で示されたものだが、より一般的な話にも応用できる。これについては以下を参照のこと。James R. FitzSimonds, 'Cultural Barriers to Implementing a Competitive Strategy', in Thomas G. Mahnken (ed.), *Competitive Strategies for the 21st Century: Theory, History, and Practice* (Stanford, CA:

Stanford University Press, 2012), p. 294.

＊6 中国側は信じていないかもしれないが、エアシー・バトルコンセプトでは米国側が先制攻撃を行わないことが明言されている。ASBO, 'Air-Sea Battle: Service Collaboration to Address Anti-Access and Area Denial Challenges', May 2013, p. 3.

＊7 James R. Holmes, 'Airsea Battle VS Offshore Control: Can the US Blockade China?', *Diplomat*, 19 August 2013, http://thediplomat.com/the-naval-diplomat/2013/08/19/airsea-battle-vs-offshore-control-can-the-us-blockade-china/.

＊8 F-35や地上攻撃型の巡航ミサイルのコストや行動範囲の限界については本書でもすでに議論した通りである。その代替案や軍側からの反発の可能性については、以下の文献の中の低価格自動攻撃システムについての議論を参照のこと。FitzSimonds, 'Cultural Barriers to Implementing a Competitive Strategy', p. 291.

＊9 以下を参照のこと。Elaine M. Grossman, 'Pentagon, Lawmakers Deal Blows to Navy Fast-Strike Missile Effort', *Global Security Newswire*, 31 July 2013, http://www.nti.org/gsn/article/pentagon-lawmakers-deal-blows-navy-fast-strike-missile-effort/. コストの懸念の他にも、議員の中には米国に突入してくる通常弾道ミサイルをあやまって中国側の先制核攻撃である勘違いしてしまい、その結果として中国側のエスカレーションを引き出すことになると心配する声もある。

＊10 超高速の通常兵器の様々な種類についての説明は以下を参照のこと。Amy F. Woolf, *Conventional Prompt Global Strike and Long-Range Ballistic Missiles: Background and Issues* (Washington DC: Congressional ResearchService,2013);and James M. Acton, *Silver Bullet? Asking the Right Questions About Prompt Global Strike* (Washington DC: Carnegie Endowment for International

Peace, 2013).

＊11 Ronald O'Rourke, *China Naval Modernization: Implications for US Navy Capabilities - Background and Issues for Congress* (Washington DC: Congressional Research Service, 2013), p. 56.

＊12 Jonathan Greenert, 'How the US Can Maintain the Undersea Advantage', *Defense One*, 21 October 2013, http://www. defenseone.com/ideas/2013/10/how-us-can-maintain-undersea-advantage/72314/.

＊13 FitzSimonds, 'Cultural Barriers to Implementing a Competitive Strategy', p. 296.

＊14 国防総省の文書ではエアシー・バトルを「安全保障環境を形成することを狙ったいくつかの選択肢の中で、限界はあるが決定的な構成要素の内の一つ」であると指摘されている。ASBO, 'Air-Sea Battle', p. i. この概念についてのCSBAの説明の「決定的な想定」のうちの一つは「相互核抑止のもの」であるという。Van Tol et al., *AirSea Battle*, p. 50.

＊15 通常兵器と核戦力についての相互運用の可能性についての今日までの最も包括的に議論されているものとしては以下を参照のこと。 Avery Goldstein, 'First Things First: The Pressing Danger of Crisis Instability in US-China Relations', *International Security*, vol. 37, no. 4, Spring 2013, pp. 49-89.

＊16 Van Tol et al., *AirSea Battle*, pp. 31-2.

＊17 このエピソードは以下の文献の中で議論されている。Aaron L. Friedberg, *In the Shadow of the Garrison State: America's Anti-Statism and its Cold War Grand Strategy* (Princeton, NJ: Princeton University Press, 2000), pp. 235-44.

＊18 これら二つの問題については一九九〇年代後半から議論されている。最近の議論の動向については以下を参照のこと。PONI Working Group on US-China Nuclear Dynamics, *Nuclear Weapons and US-China Relations: A Way Forward* (Washington DC: Center for Strategic and International Studies, 2013); Philippe de Koning and Tong Zhao, 'The United States, China, and Nuclear Arms Control: Time for a Creative Spark', *PacNet Newsletter*, no. 63, 8 August 2013; David Griffiths, *US-China Maritime Confidence Building: Paradigms, Precedents, and Prospects* (Newport, RI: China Maritime Studies Institute, 2010); and David Gompert, 'How To Avert a Sea Catastrophe with China', *US News and World Report*, 6 May 2013.

＊19 以下を参照のこと。Mark A. Stokes and Ian Easton, *Evolving Aerospace Trends in the Asia-Pacific Region* (Washington DC: Project 2049 Institute, May 2010), pp. 36-8; Mark Stokes and Dan Blumenthal, 'Can a Treaty Contain China's Missiles?', *Washington Post*, 2 January 2011; Thomas Donnelly, 'American Zero', *Weekly Standard*, 4 June 2011, p. 11; David A. Cooper, 'Globalizing Reagan's INF Treaty: Easier Said Than Done?', *Nonproliferation Review*, vol. 20, no. 1, 2013, pp. 145-63.

＊20 当然ながら、中国側の専門家たちはＩＮＦ条約のグローバル化を「中国を狙ったものだ」として拒否している。これについては以下を参照のこと。'SCRAP Interview with Chinese Arms Control Expert Professor Li Bin of Qinghua University', 2 April 2013, http://scrapweapons.com/2013/04/02/scrap-interview-with-chinese-arms-control-expert-professor-li-bin-of-qinghua-university/.

＊21 中国の戦略家たちは、米国が自分たちの対応できない新種の兵器を開発する可能性を明らかに懸念しているが、現在のところは技術的な問題や予算の制限のおかげでそれが遅れるはずだと考えてい

るようだ。彼らの新しい攻撃・防御システムの出現に対する懸念はたしかに本物かもしれないが、彼らは明らかに自分たちにとって都合のよくなるような兵器を米国側に開発してもらうことを狙って発言している。

＊22 「宇宙空間における軍拡競争の予防」のための議論は一九八〇年代初期から国連の軍縮委員会で続けられている。二〇〇八年にはロシアと中国が共同で「宇宙空間での武器使用とその脅しに対抗するための兵器設置の協定」を提案している。これについては以下の文献を参照のこと。Federation of American Scientists, 'Prevention of an Arms Race in Outer Space', http://www.fas.org/programs/ssp/nukes/ArmsControl_NEW/nonproliferation/NFZ/NP-NFZ-PAROS.html. 宇宙空間における行動規定についての初期の議論については以下の文献を参照のこと。Michael Krepon, 'A Code of Conduct for Responsible Space-Faring Nations', New Delhi, November 2007, http://indianstrategicknowledgeonline.com/web/space_sec_session_1_Mr%20Michael%20Krepon.pdf.

＊23 このような状態にもかかわらず、そして長期間にわたる内部での審議を経た後で、オバマ政権は二〇一二年に宇宙空間における行動規定についての提案を行っている。これについては以下を参照のこと。Hillary Rodham Clinton, 'International Code of Conduct for Outer Space Activities', US Department of State, 17 January 2012, http://www.state. gov/secretary/20092013clinton/rm/2012/01/180969.htm.

＊24 広範囲にわたる協定の可能性や限界についての議論に関しては以下の文献を参照のこと。James A. Lewis, 'Mul- tilateral Agreements to Constrain Cyberconflict', *Arms Control Today*, June 2010, http://www.armscontrol.org/act/2010_06/lewis; Jack Goldsmith, 'Cybersecurity Treaties: A Skeptical View', in Peter Berkowitz (ed.), *Future Challenges in National Security and Law*

(Stanford, CA: Hoover Institution Press, 2010).

＊25 たとえば以下を参照のこと。Kenneth Lieberthal and Peter W. Singer, *Cybersecurity and US-China Relations* (Washington DC: Brookings Institution, February 2012), pp. 29-31, http:// www.brookings.edu/~/media/

＊26 一九七〇年代後半から八〇年代前半にかけての、精密誘導兵器とそれに付随したエアランド・バトルドクトリンの発展の強調の増加は、インテリジェンスの分野でのブレイクスルーから直接もたらされたものだ。最も重要な情報源としては、何人かのスパイの存在があった。たとえばワルシャワ条約機構の戦争計画にアクセスできたポーランド人のリザルド・ククリンスキー（Ryszard Kuklinski）大佐や、アフガニスタン軍の高官でヴォロシロフ士官学校で学んだ経験のあるグラム・ダスタギル・ワルダーク（Ghulam Dastagir Wardark）の存在は欠かせない。これについては以下を参照のこと。Gordon S. Barrass, 'The Renaissance in American Strategy and the Ending of the Great Cold War', *Military Review*, January-February 2010, pp. 101-10. 米国が港にいるソ連の弾道ミサイル発射型の潜水艦への攻撃を脅すことによって沿岸防衛に過剰投資させるよう仕向ける、いわゆる「海洋戦略」の発展も、インテリジェンス面でのブレイクスルーが土台となっていたものだ。これについては以下を参照のこと。Christopher A. Ford and David A. Rosenberg, 'The Naval Intelligence Underpinnings of Reagan's Maritime Strategy', *Journal of Strategic Studies*, vol. 28, no. 2, April 2005, pp. 379-409.

# 【解説】エアシー・バトルへの道

平山 茂敏

## 著者フリードバーグ教授の略歴等

中国の目覚しい経済発展は、人民解放軍に質と量両面での充実を可能にした。特に海空領域におけるその活動は地理的範囲を拡大するだけでなく、強圧的な言動と相俟って、域内各国に懸念を生み出している。このように伸張を続ける中国に対してどのような軍事戦略を立案すべきなのか、米国内における議論をまとめたのが、本書の原著となるアーロン・L・フリードバーグ教授の *Beyond Air-Sea Battle: The Debate over US Military Strategy in Asia* である。

著者であるフリードバーグ教授は、一九五六年米国生まれ。一九八七年からプリンストン大学で教鞭をとっている著名な国際政治学者であり、専門は国際政治・外交・防衛政策・東アジア等である。フリードバーグ教授は単なる学究の徒ではなく、ジョージ・W・ブッシュ政権において はディック・チェイニー副大統領の国家安全保障担当副補佐官に任命されたほか、二〇一二年の大統領選では共和党の大統領候補であったミット・ロムニーのアジア太平洋分科会の共同議長をつとめ、二〇一六年の大統領選ではマルコ・ルビオ候補の安全保障チームに参加するなど、実務面でも米国の安全保障コミュニティにおいて高く評価されている人物である。

彼の主要な著作は次の三冊であり、本書は四冊目となる。

*The Weary Titan: Britain and the Experience for Relative Decline, 1895-1905*, Princeton University Press, 1988.（『繁栄の限界：一八九五年〜一九〇五年の大英帝国』新森書房、一九八九年）
*In the Shadow of the Garrison State: America's Anti-Statism and its Cold War Grand Strategy*, Princeton University Press, 2000.
*A Contest for Supremacy: China, America and the Struggle for Mastery in Asia*, W. W. Norton & Company, 2011（『支配への競争：米中対立の構図とアジアの将来』日本評論社、二〇一三年）

エドワード・ルトワックは、戦略には階層があると主張しているが、フリードバーグの前著となる『支配への競争』が中国の台頭と米国の対応を包括的に分析し、結論として効果的なバランスのとれた関与政策を提案するなど、戦略の最上位にある「大戦略」を論じるものであるとするならば、本書は中国とどのように軍事的に対峙すべきかという「軍事戦略」の階層についての議論となっている。その意味では、本書は「支配への競争」の続編ということができるかもしれない。

本書の特徴として、米中の地政学的な対立と、中国の台頭により米国に突きつけられている軍事的挑戦、すなわち「アクセス阻止・エリア拒否」（A2／AD）の脅威を明らかにした後、米国の対応が様々な理由から後手に回っていることを述べ、最後に対中軍事戦略の二つのオプション、すなわち直接的なアプローチと間接的なアプローチについて解説している。本書は、米国が行う可能性のある行動について、包括的かつ具体的に述べており、将来の米中の軍事面での対峙をヴィヴィッドに描き出しているのが特徴である。しかしながら、フリードバーグ教授が、将来の対中軍事戦略について魔法のような解答を用意しているわけではない。米国と中国は味方でもないが、敵でもないというグレーな関係にあり、その関係は複雑で不確実で不安定であるからだ。提示される軍事的オプション（エアシー・バトル、海洋拒否、遠距離海上封鎖）の何《いず》れも、平時と戦時の実行可能性や核エスカレーションの抑止等、様々な切り口から分析されることで、どの戦略的アプローチにも、平時の抑止と戦時の実行の両面で、長所と限界があるということが明らかにされていく。コリン・グレイ（Colin S. Gray）が述べているように、「下手な戦略は高くつくものであり、悪い戦略は致命的」なのだが、対中軍事戦略にも唯一無二の「良い」戦略があるわけではないのである。

## エアシー・バトル構想について

将来の対中軍事戦略の議論の中核にあるのが、原文表題にある「エアシー・バトル構想」であるが、この構想は米国の安全保障コミュニティの中でも大きな議論となってきたし、これに対する対案も示されてきたことは、本書の中でも「間接的なアプローチ」（遠距離海上封鎖と海洋拒否）として示されている。監訳者が勤務していた海上自衛隊幹部学校戦略研究室においても、エアシー・バトル構想とは何なのか、これに対する対案である「海洋拒否」（War at Sea

Strategy）や「遠距離海上封鎖」（オフショア・コントロール戦略）とは何かについて、研究が行われ、海上自衛隊幹部学校の紀要である『海幹校戦略研究』で発表されてきた（『海幹校戦略研究』のバックナンバーは、海上自衛隊幹部学校のホームページから閲覧が可能である）。

本書はエアシー・バトルを巡る議論を包括的に述べているが、エアシー・バトルを巡る現在までの紆余曲折については、さほど踏み込んでいない。この点は、本書の価値をなんら減じるものではないが、実は「エアシー・バトル」構想自体も様々な変遷を経てきたものであるので、蛇足を承知でこの場で少し紹介させて頂きたい。

**アクセス阻止の脅威**

エアシー・バトルの原点は、アクセス阻止の脅威の認識に始まる。

エアシー・バトル室が発表した「エアシー・バトル構想」によれば、「アクセス阻止・エリア拒否」は次のように定義されている。

「アクセス阻止」（anti-access）：敵が友軍の戦域内への展開を遅延させ、あるいは本来望んでいたよりも遠方の位置から友軍部隊に作戦させることを意図した活動。アクセス阻止は戦域への展開に影響する。

「エリア拒否」（area-denial）：敵が友軍のアクセスを阻止できないか、阻止しないエリア内において、友軍の作戦を妨害することを意図した活動。エリア拒否は戦域内における機動に影響する。

単純化すると、湾岸戦争におけるイラクのように、米軍に自国の国境沿いに展開されたら勝ち目が無いので、近寄らせないのがアクセス阻止、近寄ってきても自由にさせないのがエリア拒否ということになる。

アクセス阻止の脅威は九〇年代から指摘されていたが（米国のシンクタンク戦略・予算評価センター（ＣＳＢＡ）のクレピネヴィッチは、九三年一一月にアクセスへの脅威に関する評価報告書を作成したと述べている）、フリードバーグ教授は二〇〇一年の国防計画の見直し（ＱＤＲ）で詳述されたと述べている。二〇〇七年にはランド研究所が「ドラゴンのねぐらに踏み込む（Entering the Dragon's Lair）」という論文で中国のアクセス阻止戦略に関して、中国が米国の脆弱性を突くアクセス阻止戦略を採用する可能性を指摘したことでさらに脚光を浴びることになった。

この「アクセス阻止・エリア拒否」に対抗する構想であるエアシー・バトル構想について国防省の公文書が初めて言及したのは、二〇一〇年版「四年毎の国防計画の見直し（ＱＤＲ２０１０）」であり、その中で「統合エアシー・バトル構想」は、「米国の行動の自由に挑戦するアクセス阻止・エリア拒否能力に対応し、陸・空・海・宇宙・サイバー空間の全ての作戦領域において、海空の部隊の能力を統合するために、海軍と空軍が開発している構想」であると定義された。このため、プレイヤーとしては海軍及び空軍が中心的な存在にはなるが、統合エアシー・バトル構想そのものは、その名称から統合構想であると理解された。しかし、ＱＤＲ２０１０は統合エアシー・バトルに一パラグラフしか割いておらず、その詳細については今後の構想開発に委ねられていた。

ＱＤＲ２０１０から三か月後の二〇一〇年五月に、米国防省と太いパイプがあるとされる米国のシンクタンクの戦略・予算評価センター（ＣＳＢＡ）が「エアシー・バトル」という報告書を発表した。ＣＳＢＡのエアシー・バトルの作戦構想は二段階で構成されており、中国の初期攻勢を受け止めてこれに反撃して海、空、宇宙及びサイバー領域における主導権を取り返す第一ステージと、紛争を望ましい形で終わらせるための各種作戦からなる第二ステージから成る。

ＣＳＢＡのエアシー・バトル構想は、中国との高烈度の通常戦争を想定しているが、核抑止は維持されているという前提に立っている。そこでは紛争の更なるエスカレーションの懸念があっても、中国本土への縦深攻撃、特に対衛星兵器といった高価値目標に対する攻撃は必要であるとみなされている。

一方で、この報告書では中国に対する最も効果的な作戦は「遠距離封鎖」であるとも述べており、中国への縦深攻撃と並行して、その外側における経済封鎖を行う両面作戦を提唱している。特に、エネルギー資源の輸入封鎖よりも、包括的な海上輸送の封鎖が更に大きな効果を発揮すると主張されており、初期のエアシー・バトルには直接的なアプローチと間接的アプローチが並行して含まれていた。

## 統合作戦アクセス構想（JOAC）の下位コンセプトへ

しかし、二〇一二年一月に「統合」の対「アクセス阻止・エリア拒否」構想として「統合作戦アクセス構想（JOAC）」が、統合参謀本部議長の名前で発表されると、この中でエアシー・バトルはJOACの下位構想であると定義され、海軍と空軍の連携の強化に焦点を当てた「限定的な構想」であるという位置づけに変化した。

また、QDR2010において、統合エアシー・バトルは洗練された「アクセス阻止・エリア拒否」能力を備えた敵を幅広い軍事作戦において「打倒する」と述べていたが、これに対して、JOACの中心的命題は、任務達成に十分な行動の自由を有した状態で部隊を作戦領域に投入する能力、すなわち「オペレーショナルアクセスの維持・回復」とされた。すなわち、JOACが規定するのはアクセスの回復までであり、「打倒」はJOACによりアクセスが維持・回復された、戦力投射《パワー・プロジェクション》が実行する命題となったのである。

このJOACの性質を反映して、下位構想であるエアシー・バトルも「洗練されたアクセス阻止・エリア拒否能力を行使する敵を抑止し、必要であれば打ち負かす能力を提供するために、空、陸、海、宇宙、サイバー空間の兵力の統合化（integration）を改善すること」であると再定義された。

## 「エアシー・バトル」：海空軍トップからのメッセージ

JOAC公表の約一か月後に、米空軍参謀総長シュワルツ大将と米海軍作戦部長グリナート大将が連名で発表したのが「エアシー・バトル」論文である。
ここで明らかになったのは、エアシー・バトル構想は、米国が湾岸戦争及びイラク戦争等で成功を収めた戦力投射《パワー・プロジェクション》モデルを放棄しているわけではないということである。

「今日、米軍の中核となる遠征任務は、先進的な軍事能力やその他の国の戦略的取り組みにより、益々危険に晒《さら》されている。この状況への対応として、米空軍と米海軍は世界各地における米国の国益のための米軍の戦力投射《パワー・プロジェクション》能力を維持するために、エアシー・バトル構想を発展させた。（中略）そのイニシアチブが、アクセス阻止・エリア拒否の脅威に直面した際に海空軍部隊の統合・協同の戦力投射《パワー・プロジェクション》能力の改善を約束しないのであれば、それはエアシー・バトルではない。」

「アクセス阻止・エリア拒否」は冷戦後の米軍のトランスフォーメーション、すなわち戦力投射《パワー・プロジェクション》モデルに対するアンチテーゼであるが、エアシー・バトル構想はこれに対抗して、既存の戦力投射《パワー・プロジェクション》能力を維持・改善することに焦点を当てている。
本構想の中心となる考え（central idea）は、ネットワーク化され（networked）、統合化された（integrated）、縦深攻撃（attack-in-depth）である。ネットワーク化とは、順応性のあるネットワークで人と組織のリンクを強化し、意思決定面での優位と領域間にまたがる効果的な作戦を維持することであり、統合化とは、海空軍部隊がお互いの領域をまたいで緊密に作戦を調整することを指す。統合化とは言うものの、実態は海空軍の協同であり、陸軍及び海兵隊への言及は無い。最後の縦深攻撃は、従来の攻撃が周辺部から行われていたのに対し、エアシー・バトルに構想に基づく攻撃は、対象となるシステムが地理的にどこにあっても攻撃することを指す。

このネットワーク化され、統合された、縦深攻撃により期待される効果が、混乱（disrupt）、破壊（destroy）、打倒（defeat）である。混乱は主として敵の指揮統制等システムを欺瞞し、或いは破壊する作戦であり、破壊は艦艇、潜水艦、航空機といった敵のプラットフォームの無力化である。最後の打倒は、敵がすでに発射した武器から味方部隊を防護する作戦を指す。

二〇一三年五月にグリナート海軍作戦部長及びウェルシュ（M. Welsh）空軍参謀総長の連名で発表された「死の連鎖を打ち破れ」も、エアシー・バトルについて解説するものであった。その中核となる考え方は、敵の「死の連鎖（killl chain）」、すなわち、敵が米軍部隊を発見し、位置情報を中継し、武器を発射し、これを誘導するという、一連の流れを中途で断ち切ることである。このため、エアシー・バトルはアクセスに対する脅威を次の順番で打ち負かすとしている。第一に、敵の指揮、統制、通信、コンピューター、情報、監視及び偵察（C４ＩＳＲ）システムを混乱させ、第二に、敵のプラットフォーム（艦艇、航空機、ミサイル発射基地）を破壊し、第三に、敵が発射した武器を破壊するのだ。

この連鎖の破断は、全ての鎖の全てのリンクを破壊することを必要としない。逆に、最も脆弱なリンクのみを破壊することで、連鎖全体の完成を阻むことができる。また、鎖の破壊は対称的である必要は無く、ミサイルを電子戦で混乱させ、哨戒システムをサイバー攻撃し、航空脅威を潜水艦で打倒することも可能としている。

### 初の公式「エアシー・バトル構想」

二〇一三年五月付で、米国防省は「エアシー・バトル構想」の要約版を発表した。本文書は、統合参謀本部に置かれたエアシー・バトル室がエアシー・バトル構想を具体的に論述した、初めての文書である。またこれは、CSBAの論文がシンクタンクから公表され、シュワルツ及びグリナートらの論文が個人の名前で発表されたのに対し、国防省の組織が書いた初めての「公式」エアシー・バトル構想である。本文書の中で、エアシー・バトル関連の文書としては秘密版の「エアシー・バトル構想 ver9.0」、「同別紙」、「二〇一三年度執行基本計画」があることが明らかにされ、本文書はこの三つの文書から秘密事項を除いて直接翻案し、エアシー・バトル構想とその具現の中核的要素を示すものと位置づけられている。要約版という性質上、本文書は必ずしもエアシー・バトル構想の全てを明らかにするものではないが、その全体像を包括的に明示する公文書としては、現在のところ唯一のものであるという点で大きな価値がある。

また、シュワルツ及びグリナートの「エアシー・バトル」論文までは、海軍と空軍の連携が強調されていたが、本文書の表紙には陸・海・空軍及び海兵隊の四軍の記章が並び、本文書が四軍の合意の上にあることが明示されている。

エアシー・バトルの擁護者である米海軍分析センター（the Center of Naval Analyses: CNA）のコルビー（Elbridge Colby）も、「エアシー・バトルは戦略ではないし、そう述べた国防省当局者はいない」と述べているが、CSBAがエアシー・バトル構想を詳述した後も、「作戦構想」とされたエアシー・バトル構想と上位戦略文書との関係が曖昧なままであった。しかし、エアシー・バトル室が公表した「公式」エアシー・バトルにおいて、初めて米国の戦略文書体系におけるエアシー・バトル構想の位置づけが明示された。まず、戦略としての「国防戦略指針」が頂点にあり、その下の統合作戦レベルに「統合作戦のためのキャプストーン構想：統合軍2020（CCJO）」があって、統合レベルの対「アクセス阻止・エリア拒否」構想である「統合作戦アクセス構想（JOAC）」がその下に位置している。「エアシー・バトル構想」は、JOACの中でも明らかにされたように、JOACの下位構想として位置づけられているのだ。

「公式」エアシー・バトル構想の中核となる考え（central idea）は、ネットワーク化された（networked）、統合化された（integrated）、縦深攻撃（Attack-in-depth）により、敵を混乱（disrupt）、破壊（destroy）、打倒する（defeat）ことである。このNIA／D3というキーワードは新しいものであるが、その論述するところはシュワルツ及びグリナートの「エアシー・バトル」論文から一貫しており、海・空軍の主張がそのまま「中核要素」として認められていることを示している。領域間作戦（cross-domain operation）についても言及されているが、これはＪＯＡＣの中心的な考えであり、上位コンセプトからの継続性を担保している。

グリーナート及びウェルシュの論文で示された「死の連鎖（kill chain）」というキーワードは、「効果の連鎖（effect chain）」と名を変えて登場する。ここで縦深攻撃が強調されるが、本構想の縦深攻撃は、敵の防衛網の組織的な破壊を狙いとしておらず、敵の脆弱な点に物理的・非物理的に取り組むこと、すなわち敵の一連の攻撃手順における最も弱い点を、混乱し、破壊し、あるいは打倒することを狙いとした限定的なものである。アクセスを取り戻した後の敵の打倒について、「公式」エアシー・バトル構想は何も言及していない。二〇一一年一一月のエアシー・バトルに関するブリーフィングで国防省関係者が次のように述べていることは、本書の中でも言及されている。「事後の活動は、地域軍司令官（combatant commander）の裁量である。彼らが達成したいものが何であれ、それは完全に司令官の自由裁量である。」

## エアシー・バトル構想がジャム・ジーシー（ＪＡＭ-ＧＣ）に

二〇一五年一月、米国防省は、エアシー・バトル（Air-Sea Battle）として知られていた対「アクセス阻止／エリア拒否」作戦構想の名称を変更すると発表した。新たな名称は「国際公共財におけるアクセスと機動のための統合構想（Joint Concept for Access and Maneuver in the Global Commons: JAM-GC）」であり、通称は〝ジャム・ジーシー〟（Jam, Gee-Cee）である。米海軍協会の報道によれば、二〇一五年末までにエアシー・バトル構想は見直され、新たにＪ

ＡＭ-ＧＣ構想が発表されることになっていたが、本稿執筆時点（二〇一六年三月上旬）でＪＡＭ-ＧＣは公表されていない。

それでは、なぜ、エアシー・バトルは改定されるのだろうか。米国防省はその理由を明らかにしていないが、推定される理由の最右翼にあるのは、エアシー・バトルをすべての軍がもろ手を挙げて賛成しているわけではないことであり、これはフリードバーグ教授も指摘している。特に本構想を支持する海・空軍と、本構想において主役となれない陸軍・海兵隊たちとの間の溝は深かった。エアシー・バトルをアピールする論文（Air-Sea Battle と Breakin the Kill Chain）も海軍と空軍のトップの連名であり、管見の及ぶ限りにおいて、陸軍と海兵隊のトップがエアシー・バトルを支持する論文等を発表したことはない。逆に、陸軍参謀総長のオディエルノ大将は、陸軍、海兵隊、特殊作戦コマンドからなる「戦略ランドパワー統合室（Joint Office of Strategic Landpower）」を提案し、エアシー・バトル室に対抗している様にも見えた。その後、二〇一三年五月には陸軍、海兵隊及び特殊作戦軍の長が「戦略ランドパワー」タスクフォースの設立で合意した。陸軍と海兵隊は、エアシー・バトルに疑念とフラストレーションを有していたと報じられているが、米海軍協会も、今回の名称変更には米国の陸上兵力をより幅広い構想（ＪＡＭ-ＧＣ）に取り込む狙いがあると報じている。

エアシー・バトルからＪＡＭ-ＧＣに名称が変わるが、中身がどう変わるかは現時点では明らかになっていない。エアシー・バトル構想自体も、シンクタンクであるＣＳＢＡの構想ペーパー、海空軍トップの共著論文、最終的な「公式」エアシー・バトルと変遷する間で、内容が変化してきた。ゆえにエアシー・バトルからＪＡＭ-ＧＣに移行する過程で内容が変化することは予想に難くないが、その度合いはそれほど大きなものではないかもしれないと思われる。

理由としては、「アクセス阻止・エリア拒否」に対抗する統合レベルの構想としてはＪＯＡＣがあり、エアシー・バトル構想はその下位構想に位置付けられているが、ＪＡＭ-ＧＣにおいてもこの構図に変更は無いとすれば、ＪＡＭ-ＧＣ構想もＪＯＡＣの枠の中に限定されることになるからだ。したがって、ＪＡＭ-ＧＣも「アクセスを回復するための限定的な作戦構想」という性質に変化はないだろう。ＪＡＭ-ＧＣは **Joint Concept for Access and Maneuver in the Global Commons: JAM-GC** という名称のとおり、国際公共財におけるアクセスと機動を回復するための「限定的な」構想となるだろう。

一方で、陸軍と海兵隊を取り込むためには、アクセス回復のために陸上兵力が何をするのかがより具体的に打ち出されることになろう。アフガニスタン・イラクからの撤退後、役割が縮小したかに見えた陸上兵力はもっとも大きな削減の対象となっており、一方でエアシー・バトルは名称が示す通り、海軍と空軍が中心的役割を担うイメージがあり、陸上兵力の演ずる役割が見えにくかった。新構想では、陸軍と海兵隊を取り込むためにも、陸軍と海兵隊の「出番」が作られるのではないだろうか。

## 謝　辞

最後に、本書の翻訳に当たって、お世話になった方々に謝辞を述べさせて頂きたい。まず、原著者のフリードバーグ教授には、日本語版へのまえがきをお願いしたところ快諾して頂いたほか、本書の内容で訳者の理解のおぼつかない箇所について丁寧な解説を頂いた。

また、我々は海洋安全保障については専門であっても、翻訳については初心者であるため、翻訳者としても著名な戦略研究家の奥山真司氏に翻訳チームに入っていただき、出版社とのやり取りや翻訳のノウハウでご教授いただいた。また、元在中国防衛駐在官の山本勝也氏には専門用語のチェックをお願いした。もちろん、本書のいかなる訳の間違いも、監訳者である私にその責任のすべてがあることは改めて申すまでもないことである。最後に、翻訳書など出したこともない海上武人を集めてフリードバーグ教授の本を出すなどという大胆な挑戦に賛同して頂いた芙蓉書房出版の平澤公裕社長の勇断に敬意を示したい。

また、本稿の解説は『海幹校戦略研究』「エアシー・バトルの変容」他に加筆修正したものであることをお断りして筆をおきたい。

二〇一六年陽春

【著者】
**アーロン・L・フリードバーグ**　Aaron L. Friedberg
1956年米国生まれ。1987年からプリンストン大学教授。専門は国際政治・外交・防衛政策・東アジア等。ジョージ・W・ブッシュ政権においてはディック・チェイニー副大統領の国家安全保障担当副補佐官、2012年の大統領選では共和党の大統領候補ミット・ロムニーのアジア太平洋分科会の共同議長を務めた。2016年の大統領選ではマルコ・ルビオ候補の安全保障チームに参加。
【主要著作】
*The Weary Titan: Britain and the Experience for Relative Decline, 1895-1905.*（『繁栄の限界：1895年～1905年の大英帝国』新森書房、1989年）
*In the Shadow of the Garrison State: America's Anti-Statism and its Cold War Grand Strategy.*
*A Contest for Supremacy: China, America and the Struggle for Mastery in Asia.*（『支配への競争：米中対立の構図とアジアの将来』日本評論社、2013年）

【監訳者】
**平山　茂敏**（ひらやま しげとし）
１等海佐
防衛大学校（電気工学）卒、英国統合指揮幕僚大学（上級指揮幕僚課程）、ロンドン大学キングスカレッジ（防衛学修士）
護衛艦ゆうばり艦長、在ロシア防衛駐在官、海上自衛隊幹部学校研究部長付、海上自衛隊幹部学校防衛戦略教育研究部戦略研究室長などを経て、現在、防衛大学校防衛学教育学群教授

【訳者】
**平賀　健一**（ひらが けんいち）
１等海佐
防衛大学校（電気工学）卒、米海軍大学幕僚課程、海上幕僚監部教育課教育班長兼個人訓練班長、第１航空隊司令、第２航空群司令部首席幕僚などを経て、現在、海上自衛隊幹部学校防衛戦略教育研究部戦略研究室員

**八木　直人**（やぎ なおと）
２等海佐
関西学院大学（法学部）卒、青山学院大学大学院国際政治経済研究科（国際政治学修士）、横浜国立大学大学院国際社会科学研究科（学術博士）
スティムソンセンター客員研究員、(財)世界平和研究所主任研究員、海上自衛隊幹部学校教官（戦略）などを経て、現在、海上自衛隊幹部学校防衛戦略教育研究部戦略研究室員

**石原　敬浩**（いしはら　たかひろ）
２等海佐
防衛大学校（機械工学）卒、米海軍大学幕僚課程、青山学院大学大学院（国際政治学修士）
海上幕僚監部広報室、第１護衛隊群司令部訓練幕僚、護衛艦あおくも艦長、海上自衛隊幹部学校第１教官室教官（戦略）などを経て、現在、海上自衛隊幹部学校防衛戦略教育研究部戦略研究室員

**後瀉　桂太郎**（うしろがた　けいたろう）
２等海佐
防衛大学校（国際関係論）卒、政策研究大学院大学公共政策プログラム（政策研究修士）、政策研究大学院大学安全保障・国際問題プログラム博士課程在学中
練習艦隊司令部、護衛艦みねゆき航海長、護衛艦あたご航海長、護衛艦隊司令部などを経て、現在、海上自衛隊幹部学校防衛戦略教育研究部戦略研究室員

**奥山　真司**（おくやま　まさし）
国際地政学研究所上席研究員、青山学院大学・東京大学非常勤講師。
ブリティッシュ・コロンビア大学（カナダ）卒、英国レディング大学国際政治学院戦略学科（戦略学博士）

# アメリカの対中軍事戦略
## ――エアシー・バトルの先にあるもの――

2016年 5月20日　第1刷発行

著　者
アーロン・L・フリードバーグ

監訳者
平山《ひらやま》 茂敏《しげとし》

発行所
㈱芙蓉書房出版
（代表 平澤公裕）
〒113-0033東京都文京区本郷3-3-13
TEL 03-3813-4466　FAX 03-3813-4615
http://www.fuyoshobo.co.jp

印刷・製本／モリモト印刷

ISBN978-4-8295-0678-3